AF366513

AMOR PLATÓNICO

Ediciones Coyoacán

MONTABER

AMOR PLATÓNICO

Hans Kelser

Traducción de Augusto Fernando Carrillo Salgado

ediciones Coyoacán

MONTABER

Colección: DERECHO Y SOCIEDAD

AMOR PLATÓNICO
1.ª edición (2022), Editorial Fontamara, SA de CV, México, ISBN 978-607-9352-90-5
2.ª edición, octubre 2024

© Augusto Fernando Carrillo Salgado
© Editorial Fontamara, SA de CV
© de esta edición, ICG Marge, SL

Título original: Die platonische Liebe
La preparación de este documento se hizo con base en los siguientes textos:
Kelsen, Hans, "Die platonische Liebe", *Imago,* vol. xix, no. 1, 1933, pp. 34-98.
Kelsen, Hans, "Platonic Love", *American Imago,* 1942, vol. 3, no. 1-2, pp. 3-110
Kelsen, Hans, *L'amor platónico,* Bolonia, Italia, Il Mulino, 1985.
Con autorización del Instituto Hans Kelsen

Edita: Montaber
Director editorial: David Soler
Brutau, 160 – 08203 Sabadell (Barcelona)
Tel. 931 429 486 – montaber@montaber.es
www.montaber.es

Traducción: Augusto Fernando Carrillo Salgado

Impresión: Safekat, SL (Madrid)

ISBN edición impresa: 978-84-10238-71-8
ISBN edición digital: 978-84-10238-47-3
Depósito Legal: B 19073-2024

El papel empleado en este libro no ha sido blanqueado con cloro elemental (CI_2).

Nota introductoria

Sin duda alguna, el aspecto de la obra kelseniana que mayor difusión ha tenido en Iberoamérica ha sido el normativista. Quizá, por esta razón es menos conocida su faceta psicoanalítica. Para no faltar a la verdad, convendría precisar que existen algunos trabajos publicados en lengua castellana al respecto, entre los que se encuentran los magníficos ensayos de Mario G. Losano y Óscar Correas. Sin embargo, todavía queda mucho por descubrir de este otro Hans Kelsen, el Hans Kelsen psicoanalista. Una muestra clara de ello es *Amor platónico*. Antes de exponer, de manera general, el contenido de este texto sería conveniente explicar su génesis.

A finales del siglo XIX y principios del XX, Viena era la capital cultural de Europa. En esta ciudad se produjeron notables progresos en todos los campos del saber humano. Aquí se hicieron importantes avances en termodinámica, nacieron las ideas más importantes de Hayek y también se originó la exquisita música de Gustav Mahler y, por supuesto, el movimiento psicoanalítico de Sigmund Freud. Se sabe con seguridad que, en su juventud, Hans Kelsen acudiría en varias ocasiones a las tertulias ofrecidas por el padre del psicoanálisis. Más aún, que dictaría algunas conferencias durante estas reuniones.

Sin embargo, no sería sino hasta 1933 que la primera versión de *Amor platónico* sería publicada bajo el título de *Die platonische Liebe I* en *Imago*, revista editada por Sigmund Freud. Nueve años más tarde, tras la llegada de Hans Kelsen a los Estados Unidos de América, aparecería una segunda versión con el título de *Platonic Love*. A diferencia del primer texto que sólo se integraba por el ensayo *Eros*, el jurista de Viena añadiría el artículo *Cratos*. Esta sería, por decirlo de alguna forma, la versión definitiva que se traduciría, también, al italiano y ahora al castellano.

En este documento Hans Kelsen trata, por una parte, de comprender y explicar la estructura psíquica de Platón a través del psicoanálisis y, por la otra, de demostrar sus afirmaciones por medio de los vestigios documentales que se conservan, tanto de la obra del propio Platón, como de otros autores de la antigua Grecia.

Hans Kelsen afirma que, el filósofo griego, era víctima de su *Eros homosexual*. Es decir, se encontraba atormentado por sus pulsiones homosexuales, ya que sentía una fuerte atracción hacia los hombres y, en particular, hacia los jóvenes. En su obra, Platón hizo una alabanza de los miembros varones de su familia. Razón por la cual destacó sus virtudes, cualidades y hazañas.

En contraste, escribió muy poco sobre las mujeres de su estirpe y, eso poco, no era nada favorable. Inclusive, Kelsen afirma que el filósofo griego expresó cierto desprecio o desdén hacia la madre. Además, consideró a las mujeres en un plano de igualdad con los hombres en la medida en que dejó de verlas como tal. Es decir, las homologó a los varones o masculinizó.

Por una parte, Hans Kelsen trata de demostrar las tendencias homosexuales de Platón a través del análisis de varios pasajes de sus *Diálogos*. Por la otra, subraya que, contrario a lo que se cree, el amor hacia los miembros del mismo sexo, el amor hacia los jóvenes y la pederastia estaban prohibidos en la antigua Grecia. Para probar su afirmación, Hans Kelsen realiza un examen bibliográfico, filosófico y normativo de diferentes textos de aquella época.

Como Platón sufría porque no podía expresar abiertamente sus impulsos homosexuales, buscó un ejemplo a seguir. Así, tomó como ideal de la castidad a su maestro Sócrates. Sin embargo, la ejecución de su mentor lo condujo a una visión pesimista y negativa del mundo terrenal. De esta forma, de acuerdo con Platón, la verdad, la esencia real de los objetos no estaba en este mundo. Por el contrario, se encontraba en el plano ideal, en el más allá.

El filósofo griego llegó a la conclusión de que, al ser diferentes, especiales y racionales, sólo las personas como él tenían el derecho a gobernar y observó a la población como una masa humana imperfecta. Así, se impuso como tarea transformar a la sociedad a través de la educación y desarrolló una propuesta filosófica que, en sus postulados fundamentales, estaba sustentada en dogmas místicos o sectarios cuyo único conocedor era él. En suma, Platón gobernaría y transformaría a la sociedad gracias a su doctrina y la ayuda de sus pupilos.

Para legitimar su modelo, afirmó que los filósofos son las mejores personas para gobernar porque eran poseedores de la máxima virtud: el conocimiento. De esta manera, al ser los guardianes del saber podrían transmitirlo al resto de la población con el objetivo de mejorar a la sociedad. Platón trató de tomar parte en la política en sus años de juventud. Sin embargo, pronto se sintió decepcionado por las actuaciones de los políticos. Por tal motivo, decidió esperar el momento adecuado para entrar en acción.

Esta oportunidad se presentaría durante los viajes que realizó a Siracusa en las postrimerías de su vida. En efecto, en varias ocasiones trató de educar a los tiranos de aquella región para que abandonaran las formas dictatoriales y se adhirieran a su modelo pedagógico-estatal. Sin éxito alguno. Este intento platónico se explica porque, a pesar del carácter autoritario de su propuesta filosófica, a pesar de su abierto rechazo a la democracia, sentía una fuerte animadversión a la dictadura que era, por decirlo de alguna forma, la versión más extrema de su Eros al que, inclusive, él mismo temía.

Antes de concluir esta nota introductoria, sería conveniente explicar los métodos que han permitido esta traducción. Como se dijo en líneas superiores, *Amor platónico* posee tres versiones: la alemana, la americana y la italiana. Pues bien, en la elaboración de este documento fueron examinadas y contrastadas las tres a fin de ofrecer al lector la mejor versión en castellano posible. De esta manera, podrá pasar de una versión a otra sin percibir notables cambios en cuanto a los términos y conceptos.

El lector podrá observar los cambios que sufrió *Amor platónico* respecto a su versión de 1933, porque las modificaciones que fueron incorporadas al texto americano aparecen en este documento entre corchetes. Es importante precisar, que algunos pasajes difíciles en donde Hans Kelsen realiza citas extensas de varias obras griegas fueron interpretados a partir de las mejores traducciones con las que hoy se cuenta en lengua castellana de dichas obras. El traductor aprovecha la ocasión para reconocer la valiosa participación de Julio César Muñoz Mendiola en este proyecto, quien realizó una lectura general del último manuscrito de esta traducción, poniendo especial atención en los parágrafos finales.

Por último, como el trabajo del jurista de Viena y los lectores merecen el máximo respeto y puesto que toda obra humana siempre es perfectible, cualquier comentario que permita mejorar esta traducción será, por supuesto, bien recibido y sobradamente agradecido.

Augusto Fernando Carrillo Salgado

Kelsen y los filósofos griegos: una introducción

Clemens Jabloner y Klaus Zeleny
Instituto Hans Kelsen, Viena, Austria

1. Consideraciones preliminares

En el centro de los esfuerzos académicos de Kelsen yace el desarrollo y consecución de una *teoría pura del derecho* que mejoró y perfeccionó durante diez años. Para conferirle un fundamento teórico, científico e histórico, se extendió a otras disciplinas y se volcó –en un sentido más amplio– hacia otros temas socio-filosóficos.

De esta forma, Kelsen se ocupa también durante décadas de los filósofos griegos.[1] Ya en el periodo vienés comenzó con esto[2] y sólo hacia el final de su existencia retomó esta ocupación en favor de su obra *Teoría General de las Normas*.[3]

Kelsen publicó algunas cosas; entre estas se encuentra el volumen dedicado a Platón –editado póstumamente por el Instituto Hans Kelsen– *La ilusión de la Justicia*. Sin embargo, el legado incluye otros escritos hasta ahora inéditos.[4]

---

[1] *Cfr.*, también, Walter, Hans Kelsen. Ein Leben im Dienste der Wissenschaft, en Walter, *Hans Kelsen. Ein Leben im Dienste der Wissenschaft*, Schriftenreihe des Hans Kelsen-Institut, 1985, tomo 10; reimpreso en Walter, Jabloner y Zeleny (Eds.), *Hans Kelsens stete Aktualität*, Schriftenreihe des Hans Kelsen-Institut, 2005, tomo 24, pp. 65-76; Walter, Platons Sozialphilosophie in Kelsens kritischer Beleuchtung Rechtstheorie, 1986, p. 129 y ss.

[2] *Cfr.* Walter, "Rechtstheorie", 1986, p. 129.

[3] *Cfr.* Ringhofer y Walter, prefacio, en Kelsen, *Die Illusion der Gerechtigkeit*, 1985, p. iii.

[4] Al respecto, el Instituto Hans Kelsen, se ha conducido, hasta ahora, de la siguiente

Precisamente en este ámbito resulta especialmente evidente el estilo de trabajo de Kelsen, esto es, primero investigaba a fondo, dejaba las contribuciones inclusive en fase de pruebas editoriales y continuaba desarrollando los textos en publicaciones subsecuentes.[5]

Las siguientes observaciones tienen como principal objetivo bibliográfico, seleccionar y ordenar el material, tanto publicado como inédito.

En ese sentido, es posible identificar cinco áreas en torno a las cuales giran los trabajos de Kelsen sobre la filosofía griega: el derecho natural de los griegos, la idea de justicia en la religión y poesía griega, la filosofía social de Platón y Aristóteles, así como la idea de retribución en la religión griega.

2. El derecho natural de los griegos

Con la *teoría pura del derecho*, Kelsen quería fundar una ciencia jurídica moderna que satisficiera las necesidades contemporáneas. Esta sólo puede dirigirse al reconocimiento del derecho positivo. Puesto que Hans Kelsen debe presuponer la validez de este, denominamos su positivismo como "crítico". Ni el derecho se deriva de su efecto, ni se justifica por él.[6] Las dos principales contraposiciones son la doctrina del derecho natural –en sus diversas facetas–, así como todas las orientaciones realistas de una visión sociológica del derecho que prescinden de la normatividad del objeto.

Las doctrinas del derecho natural cautivaron intensamente a Kelsen quien quería descubrir sus supuestos teóricos e historia, pero, sobre todo, sus funciones sociales. De manera análoga a la crítica

---

forma. Por una parte, el propio Hans Kelsen se abstuvo de publicar –aunque ya se contaban con pruebas editoriales– algunos trabajos; sólo vieron la luz póstumamente sus últimas y exhaustivas reflexiones sobre Platón porque se suponía que la obra de Kelsen se encontraba tan madura que la habría publicado de no haber estado trabajando en su *Allgemeinen Theorie der Normen*. Por la otra, el propio Kelsen ya había realizado publicaciones en algunas áreas, razón por la cual determinados resultados de sus investigaciones eran y son accesibles.

[5] *Cfr.* Ringhofer y Walter, prefacio, p. iv.

[6] *Cfr.*, en resumen, Walter, Hans Kelsens Rechtslehre, 1999, p. 9 y ss.

neopositivista vienesa a la metafísica, Kelsen quería tener un efecto esclarecedor.[7]

Ya en el ensayo *Los fundamentos filosóficos de la doctrina del derecho natural y positivismo jurídico* del año 1928 se hace referencia a la filosofía griega.[8] Tal parece que en este contexto Kelsen había escrito un extenso manuscrito sobre el "derecho natural de los griegos" del que ya se habían elaborado 234 páginas de pruebas editoriales, fechadas entre octubre y noviembre de 1928.[9] Kelsen corrigió parcialmente, estas pruebas y las completó ampliamente a máquina. En

---

[7] *Cfr.* Walter, Der Positivismus der Reine Rechtslehre, en Jabloner y Stadler (Eds.), *Logischer Empirismus und Reine Rechtslehre*, 2001, pp. 1-5; Jabloner, Beiträge zu einer Sozialgeschichte der Denkformen: Kelsen und die Einheitswissenschaft, en Jabloner y Stadler (Eds.), *Logischer Empirismus und Reine Rechtslehre*, 2001, p. 19 y ss; *cfr.*, también, Walter, Hans Kelsen, die Reine Rechtslehre und das Problem der Gerechtigkeit, *Liber amicorum a Mayer-Maly*, 1996, p. 207 y ss; Topitsch, introducción, en Kelsen, *Vergeltung und Kausalität*, (reimpresión), 1982, p. xi y ss.

Desde otra perspectiva, esto es, a la luz de una comparación de los resultados dogmáticos sobre cuestiones básicas del derecho internacional y derecho público, Pitamic contrastó la *Reine Rechtslehre* y la filosofía griega en una contribución de 1921. Pitamic, Plato, Aristoteles und die Reine Rechtslehre, *Zeitschrift für öffentliches Recht*, 1921, vol. 2, p. 683 y ss.

Stokhammer examina la filosofía platónica y califica la *Reine Rechtslehre* como la teoría jurídica que adoptó, consecuentemente, el camino de una ciencia social independiente. Por decirlo de alguna manera, es la "defensa" de una ciencia social autónoma, a la que pertenecen en particular la ética, los estudios religiosos y la jurisprudencia, frente a los esfuerzos por reconocer sólo a la ciencia natural, empírica, como tal. Stockhammer, Reine Rechts-philosophie. Eine Platon-Studie, *Archiv für Rechts- und Sozialphilosophie*, 1961, p. 333 y ss.

[8] Die philosophischen Grundlagen der Naturrechtslehre und des Rechtspositivismus, (1928), (núm. 137), pp. 69, 70, 74. Otras dos contribuciones de Kelsen trataron el tema de la fundamentación de un derecho natural a finales de la década de 1920, particularmente, Die Idee des Naturrechts, *Zeitschrift für öffentliches Recht*, 1927-1928, vol. 7, (núm. 132), p. 221 y ss; Naturrecht und positives Recht, *Zeitschrift für Theorie des Rechts*, 1927-1928, vol. 2, (núm. 133), p. 71 y ss. Sin embargo, no contienen ninguna referencia a la filosofía griega. Los números entre paréntesis se refieren al catálogo razonado de Kelsen, impreso, por última vez en Walter, Jabloner y Zeleny (Eds.), *Hans Kelsens stete Aktualität*, Schriftenreihe des Hans Kelsen-Instituts, 2003, vol. 25, p. 115 y ss.

[9] Caja 3, carpetas ii a-c de la herencia. Las pruebas, con la nota "Julius Springer, Berlín-Viena", en relación con "Oscar Brandstetter, Leipzig", muestran el texto de las páginas 1-181 y las notas a pie de página de las páginas 182-234. Faltan algunas hojas; no se han colocado todas las notas a pie de página.

una portada adjunta figura el título *El derecho natural de los griegos*; aunque la obra contiene, por un lado, menos, por el otro, más.

En efecto, del prefacio de Kelsen –que también está disponible como prueba editorial– se colige que quería ocuparse de la "exposición de la antigua doctrina del derecho natural" pero "no [pretende] suministrar una doctrina completa del derecho natural de la antigüedad". Kelsen continúa: "Solo me interesa señalar, la importancia política que –dentro de la filosofía antigua– tiene la doctrina que afirma la existencia de un derecho natural, distinto de otro artificial y arbitrario, la doctrina eterna, que supone una justicia absoluta por encima del derecho positivo". En el contexto de la época en que estas primeras reflexiones sobre los filósofos griegos fueron escritas, las investigaciones de Kelsen probablemente estaban dirigidas a criticar a aquellas ideologías que pretendían proclamar (nuevas) verdades absolutas para imponerlas en la sociedad. No obstante, en sus reflexiones, Kelsen no sólo toma en consideración a los filósofos griegos, sino también a la filosofía romana.[10]

3. La idea de justicia en la religión y poesía griega

En estrecha relación con esto, se encuentran las investigaciones de Kelsen sobre la religión y poesía de los griegos.

Métall, el biógrafo de Kelsen, menciona[11] que el estudio de la doctrina del derecho natural de los antiguos[12] convenció a Kelsen de que su exposición sería imposible sin abordar la influencia de la

---

[10] El trabajo está dividido, en total, en 9 capítulos: "Geist und Sprache der Griechen", "Vorsokratiker" (Kelsen escribió extensas adiciones a este capítulo), "Sokrates-Platon", "Aristoteles", "Knyker und Kyrenäiker", "Die Epikureer", "Die Stoa", "Cicero" y "Die römische Jurisprudenz". Tal parece que la obra no ha sido publicada en parte ni en resumen.

[11] Si bien es cierto, Métall, en su biografía "Hans Kelsen. Leben und Werk (1969)" sitúa estas consideraciones en el periodo de Kelsen en Ginebra (a partir de 1933, p. 66); deben haber movido a Kelsen unos años antes (las pruebas editoriales "Naturrecht der Griechen" datan de 1928, "Gerechtigkeit in Religion und Dichtung der Griechen" de 1929); lo que, por cierto, sugiere el propio Métall (*cfr.*, p. 59).

[12] *Cfr.*, más arriba, "Das Naturrecht der Griechen".

religión griega en la filosofía social. De esta forma, agregó al manuscrito mecanografiado un capítulo extenso sobre la idea de justicia en la religión griega. Este manuscrito también pasó a la composición tipográfica, pero Kelsen no pudo decidirse a publicarlo. Así, Métall debe referirse al presente manuscrito como la "idea de justicia en la religión y poesía de los griegos"; informa inmediatamente, sin embargo, sobre la siguiente empresa de Kelsen, esto es, la integración del componente socio-filosófico y escribe:

> Puesto que la doctrina del derecho natural de los griegos y romanos estaba muy relacionada con toda su filosofía social como para poder ser representada separada de esta –sólo los dos tratados sobre la filosofía social de Platón y Aristóteles estaban terminados y fueron publicados en extractos–[13] y, además, la religión prehomérica de los griegos no podría comprenderse sin las religiones primitivas de otros pueblos, Kelsen ahora se avocó a su estudio.[14]

Sobre el tema "la idea de justicia en la religión y poesía griega", Kelsen escribió un extenso manuscrito a máquina; también para este ya había pruebas editoriales (en total 188 páginas), fechadas entre

---

[13] Se trata de "Die hellenisch makedonische Politik und die 'Politik' des Aristoteles", *Zeitschrift für öffentliches Recht*, 1933, vol. 13, p. 625 y ss (núm. 189); "Die platonische Gerechtigkeit", *Kant-Studien*, 1933, vol. 38, cuaderno 1-2, p. 91 y ss (núm. 192) y "Die platonische Liebe", *IMAGO. Zeitschrift für psychoanalytische Psychologie, ihre Grenzgebiete und Anwendungen*, 1933, vol. 19, p. 34 y ss (núm. 193); consideramos que debieron haber sido escritos antes del periodo en Ginebra de Kelsen. Véase más adelante para mayores detalles sobre estas obras.

[14] La última consideración de Métall, mencionada aquí, conduce de nueva cuenta a la conclusión de que Kelsen, en el curso posterior de su investigación, abandonó el campo de la filosofía griega y se ocupó de forma intensa por la "creencia en el alma por parte de los primitivos", aunque también incluyó los orígenes de la filosofía griega ("Die Vergeltungsidee in der Religion der Griechen"). Es posible que estas obras se hayan gestado, en esencia, en Ginebra. De esta investigación nació, finalmente, el libro "Vergeltung und Kausalität (núm. 224) que –concluido en 1939– fue impreso en 1949 y, debido a la agitación de la guerra, recibió los derechos de autor hasta 1941; sólo pudo ser entregado hasta 1946. *Cfr.*, más adelante para mayores detalles; *cfr.*, también Kelsen, errata, en Kelsen, "Vergeltung und Kausalität" (reimpresión de 1982), p. X; Métall, *op. cit.*, p. 68.

septiembre y octubre de 1929.[15] La obra no tiene título y está dividida en dos partes (*Religión y poesía*). Se ha incluido –de manera muy abreviada– en el libro *Retribución y causalidad*.[16] Hablaremos sobre ello más adelante.

4. La filosofía social de Platón

La preocupación literaria de Kelsen por Platón sale a la luz en un momento crucial pues elige *La justicia platónica* como el tema de su conferencia inaugural en Colonia, el 20 de noviembre de 1930.[17] Métall pone de manifiesto los amplios esfuerzos de Kelsen cuando escribe sobre el tema que:

> [fue] la sección de una obra de gran envergadura sobre la idea de justicia en la religión y filosofía de los griegos, en la que Kelsen ya había comenzado a trabajar en Viena, la cual continuó durante muchos años, particularmente en Ginebra y que, también, publicó en fragmentos pero que lamentablemente jamás concluyó y no pudo decidirse a publicarla en su totalidad.[18]

---

[15] Caja 3, carpeta I/a de la herencia, el manuscrito está compuesto por un total de 244 páginas de texto y 86 de notas a pie de página. Las pruebas editoriales –con la nota "Julius Springer, Viena" y "Oscar Brandstetter, Leipzig" (imprenta)– muestran el texto de las páginas 1-188, se encuentran completas, revisadas por Kelsen y provistas de las marcas de las notas a pie de página; faltan las pruebas editoriales para la parte de estas últimas. Puesto que dichas pruebas llevan la designación del mismo editor e impresor que las de "Naturrecht der Griechen", tal vez se trata de la "continuación" de este trabajo, como escribe Métall. En cuanto a la superficie y tipo de letra, las pruebas editoriales son las mismas; el hecho de que la obra posterior no lleve un título independiente y no cuente con un prefacio propio, también indica que estaba destinada a ser incorporada en "Das Naturrecht der Griechen".

[16] "Vergeltung und Kausalität" (1939-1946; núm. 224) y su segunda parte "Griechische Religion und Philosophie" (capítulo IV), "Die Vergeltungsidee in der Religion der Griechen", así como "Society and Nature", libro en inglés publicado en 1943 (núm. 246), que contiene las partes que aquí también interesan, "Vergeltung und Kausalität"; *cfr.*, también, más abajo.

[17] Métall, *op. cit.*, p. 59.

[18] Métall, *op. cit.*, p. 59. Como se indicó con anterioridad, Kelsen consideraba –de acuerdo con Métall, p. 66 y ss– que un tratamiento de las doctrinas griegas del derecho natural sería imposible sin abordar la filosofía social de Platón y Aristóteles; establece, así, el contexto de las consideraciones.

El hecho de que Kelsen continuó trabajando sobre Platón queda demostrado también en un artículo publicado en 1933 que lleva el mismo título que su conferencia inaugural en Colonia (*La justicia platónica*),[19] no está claro si se trata de la reedición de la conferencia inaugural, de una versión ampliada o de algo distinto porque no se conoce un manuscrito de dicha conferencia.[20] No es posible encontrar una transposición directa en el extenso manuscrito de Platón[21] que condujo posteriormente a la publicación del libro *La ilusión de la justicia*.

Kelsen continuó trabajando sobre Platón, en el año de 1933 apareció su contribución *Amor platónico*,[22] dividida en dos capítulos, *Eros* y *Cratos*, la cual trascendió al ámbito de la filosofía social. Treinta años más tarde, una parte de esta contribución (concretamente la parte *Eros*) se publicó en una colección de ensayos de Kelsen sobre crítica a la ideología; para ello, Kelsen emprendió una revisión del documento en varios puntos.[23] Finalmente, *Amor platónico* pasó a formar parte de la publicación póstuma de *La ilusión de la justicia*.[24]

---

[19] "Die platonische Gerechtigkeit", *Kant-Studien*, 1933, vol. 38, cuaderno 1-2, p. 91 y ss (núm. 192), existe traducción al inglés, "Platonic Justice", *The International Journal of Ethics*, 1937-1938, vol. 48, p. 269 y ss, y 367 y ss; "Platonic Justice (1957)", en *What is Justice? Justice, Law, and Politics in the Mirror of Science. Collected Essays*, p. 82 y ss, con correcciones a la versión de 1937-1938, como se puede ver en la nota a pie de página número 82; también existen traducciones al francés, japonés, coreano, serbio y español. *Cfr.* Métall, *op. cit.*, p. 60.

[20] En la publicación, en cualquier caso, no hay ninguna referencia a la conferencia inaugural.

[21] *Cfr.*, más abajo.

[22] "Die platonische Liebe", *IMAGO. Zeitschrift für psychoanalytische Psychologie, ihre Grenzgebiete und Anwendungen*, 1933, vol. 19, p. 34 y ss, 225 y ss (núm. 193). Existe traducción al inglés, así como al italiano y japonés. *Cfr.*, también, Métall, *op. cit.*, p. 60.

[23] "Aufsätze zur Ideologiekritik (1964)", editado por Ernst Topitsch (*cfr.*, también, las recensiones de Gehmacher, *Die Zukunft*, 165, cuaderno 1, p. 27 y Marko, *Der Monat*, Berlín, 1966, p. 75 y ss) y reeditado en 1989 con el título "Staat und Naturrecht" (las antologías contienen, entre otros, los trabajos aquí citados con los números 132, 189, 193 y 328, o bien, partes de ellos). *Cfr.*, Ringhofer y Walter, prefacio, p. IV; Walter, "Rechtstheorie", 1986, p. 132.

[24] *Cfr.*, más abajo.

Después de 1933, Platón continuó siendo siempre un punto central en la obra de Kelsen[25] –especialmente para su teoría de la justicia–. Aunque Kelsen trabajó principalmente en inglés,[26] tras su migración a los Estados Unidos de América desarrolló paralelamente una investigación en alemán a gran escala titulada *Platón o la ilusión de la justicia* cuyo subtítulo es *Un examen crítico de la filosofía social de Platón.*[27] Hacia 1950[28] había sido elaborado un manuscrito de apro-

---

[25] Como se dijo, Kelsen no sólo siguió trabajando sobre Platón durante su estancia en Colonia –en el semestre de invierno de 1931-1932 dictó una conferencia sobre "Die Sozialphilosophie Platons" (Métall, *op. cit.*, p. 59)–, sino también mientras estuvo en Ginebra. En 1936, por ejemplo, pronunció una conferencia en Ginebra sobre "Die platonische Gerechtigkeit" (Métall, *op. cit.*, p. 65). Dado que no se conocen los manuscritos de las conferencias, no es posible decir en qué medida estas reflexiones de Kelsen se reflejan en los artículos publicados o en los manuscritos inéditos.

[26] Por un lado, Kelsen escribió el manuscrito "Platonic Justice" (en inglés, mecanografiado, con añadidos manuscritos, compuesto por 57 páginas, caja 4, carpeta V de la herencia) que, probablemente, fue escrito después de 1945 y llegó al Instituto Hans Kelsen con su herencia. "Die platonische Gerechtigkeit (1933)" no es idéntica a la traducción publicada bajo el mismo título, "Platonic Justice" (esta traducción apareció por primera vez entre 1937 y 1938 en *The Int Journal of Ethics*, vol. 48, pp. 269 y ss, y 367 y ss), así como una versión corregida en 1957 en la antología *What is Justice? Justice, Law and Politics in the Mirror of Science. Collected Essays*, p. 82 y ss; *cfr.*, también, arriba. Las reflexiones de Kelsen en el manuscrito "Platonic Justice" fueron incorporadas, en esencial, en la contribución *What is Justice?* que (también) apareció en 1957 en la antología *What is Justice? Justice, Law and Politics in the Mirror of Science. Collected Essays*, p. 1 y ss, este corresponde a la versión corregida de su conferencia de despedida de la Universidad de California (Berkeley) el 27 de mayo de 1952 (nota a pie de la página 1 de *What is Justice?*). La antología *What is Justice?*, reimpresa en varias ocasiones, contiene, entre otras, las siguientes obras o partes de ellas (en inglés o traducidas), núm. 192, 220, 289a, 310 y 329. Aquí, en esta fase de su vida, el estilo bilingüe inglés-alemán de la obra de Kelsen puede apreciarse con claridad por el hecho de que "What is Justice?" se presenta como la traducción de "Was ist Gerechtigkeit? (núm. 310)", versión alemana de 1953.

También en inglés la contribución de 1947 "The Metamorphoses of the Idea of Justice", en *Interpretations of Moderns Legal Philosophies, Festschrift für Roscoe Pound*, p. 390 y ss (núm. 272, existen traducciones al italiano y español), contiene observaciones sumamente significativas sobre Platón (p. 392, 396 y 412 y ss) y Aristóteles (*cfr.*, más adelante), que muestran un paralelismo con "Was ist Gerechtigkeit?" y sugieren un origen común (quizás el manuscrito "Platonic Justice").

[27] *Cfr.* Walter, *Rechtstheorie*, 1986, p. 129.

[28] Después de eso, es probable que Kelsen sólo haya hecho adiciones menores. El libro más reciente que cita es de Popper, *The open Society and its Enemies*, The

ximadamente 600 páginas mecanografiadas con más de 1300 notas a pie de página, el cual contiene cuatro partes: *El dualismo platónico*, *Amor platónico* (esta es una versión amplificada del texto publicado en 1933),[29] *La verdad platónica* (dividido en *Ciencia* y *Verdad*) y *La justicia platónica* (esta parte no tiene que ver con el texto publicado en 1933), que se encuentra dividida en: *La justicia de la retribución*, *La realización de la justicia: La doctrina del alma de Platón*, *El conocimiento de la justicia: La doctrina de las ideas de Platón* y *La esencia de la justicia: el misticismo de Platón*. Con el legado, el manuscrito llegó al Instituto Hans Kelsen[30] lo que motivó su publicación con la mayor delicadeza posible, la edición final fue exhaustiva y vio la luz en 1985 bajo el título de *La ilusión de la justicia*.[31]

Cabe mencionar que Hans Kelsen, en la segunda mitad de la década de 1950, volvió a su punto de partida con un artículo para el *Zeitschrift für öffentliches Recht*. En 1957 publicó un ensayo titulado *Platón y la doctrina del derecho natural*,[32] una contribución independiente, no incluida en *La ilusión de la justicia* ni en ningún otro escrito publicado o inédito.

Spell of Plato, vol. 1, (1962) (*Cfr.* Kelsen, "Illusion der Gerechtigkeit", pp. 179, 429, 446, 452).

[29] Righofer y Walter, prefacio, p. III.

[30] Caja 4, carpetas I-IV, de la herencia.

[31] "Die Illusion der Gerechtigkeit (1985)" (núm. 387), existen traducciones en portugués y ucraniano (parcialmente traducida). *Cfr.*, también, Ringhofer y Walter, prefacio, p. III; Walter, "Hans Kelsen ein Leben im Dienste der Wissenschaft", p. 76; Walter, "Rechtstheorie (1986)", p. 129 y ss. De las numerosas reseñas –algunas aprobatorias, otras críticas, otras vehementemente desaprobatorias– pueden destacarse: Ferber, *Zeitschrift für philosophische Forschung*, 1989, vol. 43, p. 557 y ss; Gusy, *Zeitschrift für philosophische Forschung*, 1987, p. 319; Joham, *RZ*, 1986, p. 223; Klenner, *Deutsche Literaturzeitung*, 1988, cuaderno 9, p. 612; Potacs, *ZfV*, 1987, p. 416; Schild, *ZfRV*, 1987, p. 157; Troller, *SjZ*, 1986, p. 395; así como el ensayo crítico de Kubes, "Die Illusion der Gerechtigkeit?", *Rechtstheorie*, 1986, p. 147.

[32] "Platon und die Naturrechtslehre", *Zeitschrift für öffentliches Recht*, 1957, vol. 8, p. 1 (núm. 328, la contribución fue traducida al inglés en 1960); Wild que fue criticado por Kelsen en esta contribución respondió con el ensayo "Plato and Natural Law" en *Zeitschrift für öffentliches Recht*, 1961, vol. 11, p. 177 y ss.

Así pues, Platón es el pensador del que Kelsen se ha ocupado con especial intensidad durante un largo tiempo. Su filosofía fascinó a Kelsen quizá porque, al ser una filosofía social muy desarrollada, comprende tanto una teoría de la justicia como una teoría del Estado. La fascinación, sin embargo, no está exenta de una aguda crítica.

Al analizar la doctrina de la justicia de Platón, la preocupación de Kelsen se direcciona, primero, a descubrir su contenido tautológico. El "bien absoluto", que supone la justicia, está más allá del conocimiento racional.[33] En último término, la justicia platónica desembocaría en una justificación del orden coactivo positivo. Puesto que la justicia frecuentemente implícita, pero jamás aclarada,[34] no es accesible al pueblo sino tan sólo a los filósofos, su papel deviene sacerdotal. El modelo de Estado de Platón es, por tanto, conocido por ser claramente antidemocrático y elitista.[35] En su ensayo de 1953, *¿Qué es justicia?*, la crítica de Platón es más ligera, su doctrina es interpretada religiosamente e, inclusive, se sitúa en las proximidades del sermón de la montaña de Jesús.[36]

Sin embargo, Kelsen no se contentó con el análisis detallado de la filosofía social de Platón, por el contrario, desde el inicio se ocupó,

---

[33] Kelsen, *Die Illusion der Gerechtigkeit* (1985), p. 335; Kelsen, *Was ist Gerechtigkeit?* (1953), p. 19; Walter, epílogo, en Kelsen, *Was ist Gerechtigkeit?* (reimpreso en el año 2000), p. 59; *cfr.*, también, Walter, *Österreichisches Bundesverfassungsrecht, System*, 1972, p. 2; Kraft, *Grundalagen einer wissenschaftlichen Wertlehre*, 2a ed., 1951, p. 258 y ss.

[34] Por otra parte, se hicieron diversos intentos por demostrar que Platón había determinado el contenido de la justicia o, cuando menos, no la había descrito en términos de contenido a condición de su existencia, sino que había dado a la humanidad la tarea de buscarla o, cuando menos, aproximarse a ella. *Cfr.*, verbigracia, Verdross, *Grundlinien der antiken Rechts- und Staatsphilosophie* (1946, 2a ed., 1948) y, siguiéndolo, Moser, Platons Begriff des Gesetzes, *Zeitschrift für öffentliches Recht*, 1952, vol. 4, p. 134 y ss; pero, también, Kubes, *Rechtstheorie*, 1986, p. 147 y ss (todo ello con referencia a Kelsen); sobre Verdross y Kelsen, véase también Walter, *Die Rechtslehren von Kelsen und Verdross unter besonderer Berücksichtigung des Völkerrechts*, en Walter, Jabloner y Zeleny (Eds.), *Hans Kelsen und das Völkerrechts*, Schriften reihe des Hans Kelsen-Instituts, 2004, tomo 26, p. 37 y ss.

[35] Kelsen, *Die Illusion der Gerechtigkeit*, p. 342; Walter, *Liber amicorum a FS Mayer-Maly*, p. 228; *Topitsch*, introducción, p. XVIII.

[36] Kelsen, *Was ist Gerechtigkeit?*, p. 19.

también, intensamente de la personalidad del filósofo. Él ofrece una clase de explicación psicológica que no afirma una relación causal entre la vida y el trabajo sino que pretende ofrecer una mejor comprensión. Al respecto, Kelsen expone –con cierta contundencia– la determinación homosexual de Platón y su significado sociopolítico.[37] Es verdad que estas partes se distancian del núcleo de los trabajos de Kelsen. No debemos olvidar, sin embargo, que se interesó muy pronto y de forma intensa por las cuestiones psicológicas. Al fin y al cabo conoció a Freud y –en su época universitaria– fue amigo del brillante Otto Weininger.[38]

5. La filosofía social de Aristóteles

Para el semestre de verano de 1933 en Colonia, Kelsen planeó una conferencia sobre *La filosofía social de Aristóteles* que ya no pudo celebrarse.[39]

De esta época ha llegado al Instituto Hans Kelsen un manuscrito[40] mecanografiado de 410 páginas con el título *La filosofía social de Aristóteles* cuyo título se encuentra escrito a mano en una hoja aparte. Está dividido en 4 partes: *Metafísica, Ética, Filosofía del derecho (justicia)* y *Política*. Sustancialmente, el propio Kelsen publicó el contenido de cada una de las partes en varios artículos a lo largo del tiempo, aunque, probablemente, no las desarrolló de manera conclusiva.

---

[37] Kelsen, "Die platonische Liebe", IMAGO, 1933, p. 34 y ss; Walter, *Rechtstheorie*, 1986, p. 132 y ss.

[38] Métall, *op. cit.*, pp. 6, 40-41; Adamovich, *Kelsen und die Tiefenpsychologie. Stattgefundene und nicht stattgefundene Begegnungen*, en Walter y Jabloner (Eds.), *Hans Kelsens Wege sozialphilosophischer Forschung*, Schriftenreihe des Hans Kelsen-Instituts, 1997, tomo 20, p. 129 y ss; Leser, Otto Weininger und die Gegenwart, en Le Rider y Leser (Eds.), *Otto Weininger, Werk und Wirkung*, 1984, p. 15; Jabloner, Kelsen und Wiener Moderne, *Liber amicorum a Kurst Rudolf Fischer*, 2002, p. 61 y ss.

[39] Métall, *op. cit.*, p. 59.

[40] Caja 3, carpetas iii/a y iii/b de la herencia, manuscrito con notas a pie de página en cada página.

Entretanto, en 1933, Kelsen publicó en el *Zeitschrift für öffent-liches Recht*[41] el conocido artículo *La política heleno-macedónica y la "política" de Aristóteles*. Este contiene, en forma resumida, los fragmentos manuscritos de *Metafísica* y *Ética*, y en forma más detallada el de *Política*; fue publicado –ya en la época ginebrina de Kelsen– en 1934. También en *Retribución y causalidad*,[42] de entre 1939 y 1946, encontramos, ciertamente, una versión resumida de la parte manuscrita *Ética*.

Finalmente, la contribución escrita en inglés *La doctrina sobre la justicia de Aristóteles*, publicada en 1957 en la antología *¿Qué es justicia?*[43] contiene, tanto un resumen de los manuscritos *Metafísica*, *Ética* y con más detalle *Justicia* (que no incluye, sin embargo, la discusión en torno a la doctrina del derecho natural de Aristóteles).

Ya en 1947 Kelsen publicó, también en inglés, *Las metamorfosis de la idea de la justicia*[44] en el libro en homenaje a Roscoe Pound. Ahí se encuentran observaciones extensas sobre Aristóteles (y Platón; véase más arriba),[45] que son bastante similares a la contribución antes mencionada sin embargo, en *La doctrina de Aristóteles*, una contribución publicada posteriormente (1957) resultan mucho más detalladas que en *¿Qué es justicia?* del año 1953 donde también habla[46] sobre Aristóteles.

---

[41] "Die hellenisch-makedonische Politik und die 'Politik' des Aristoteles", *Zeitschrift für öffentliches Recht*, 1933, p. 625 (núm. 189, existen traducciones al inglés [1937], francés, italiano y español).

[42] p. 472; estas consideraciones se incluyeron, también, en "Society and Nature" (1943, núm. 246); *cfr.*, arriba y abajo para mayores detalles.

[43] "Aristotle's Doctrine of Justice", en *What is Justice? Justice, Law, and Politics in the Mirror of Science. Collected Essays* (1957), p. 110 y ss (núm. 329, existe traducción al coreano, serbio y español).

[44] "The Metamorphoses of the Idea of Justice" en *Interpretations of Modern Legal Philosophies, liber amicorum* a Roscoe Pound (1947), p. 390 y ss. *Cfr.*, también, arriba.

[45] p. 399.

[46] p. 34.

La crítica a Aristóteles es, probablemente, la parte más conocida de la "obra" griega de Kelsen. Esto se explica, quizá, por el hecho de que la doctrina de Aristóteles, la "doctrina de los Mezotes", fue históricamente la doctrina del derecho natural más eficaz a la que Kelsen tuvo que hacer frente.[47]

6. La idea de retribución en la religión de los griegos

Como se mencionó con anterioridad, yendo mucho más allá del pensamiento griego, Kelsen comenzó, finalmente, a preocuparse por el desarrollo de las estructuras del pensamiento humano en general. Sobre todo, en su escrito *Retribución y causalidad* (1939-1946), propuso una gran teoría sobre la historia social del pensamiento humano.[48] Aquí, la producción científica al respecto debería ser publicada completamente. El Instituto Hans Kelsen cuenta con un ma

---

[47] *Cfr.* Walter, FS Mayer-Maly, p. 228 y ss; *Topitsch*, Introducción, p. xx.

Al igual que en la recepción de Platón, se realizaron grandes esfuerzos para demostrar que Aristóteles había determinado el contenido de la Justicia o, por lo menos, a condición de su existencia, no la había descrito en términos de contenido, sino que había proporcionado a la humanidad la labor de buscarla o aproximarse a ella y había indicado los caminos para hacerlo. *Cfr.*, verbigracia, Weinrib, Aristotle's Forms of Justice, *Ratio Juris*, 1989, vol. 2, p. 211 y ss; Röckrath, Umverteilung durch Privatrecht?, *Archiv für Rechts-und Sozialphilosophie*, 1997, vol. 83, p. 506 y ss (ambos se refieren a las consideraciones de Kelsen); *cfr.*, también, Trazegnies, Kelsen y la idea aristotélica del Derecho, *Revista de Ciencias Jurídicas*, 1967, año 3, 4, p. 54 y ss; Belaunde, La Justicia en el pensamiento de Aristóteles, *Revista de Ciencias Jurídicas*, año 3, 5, p. 3 y ss (ambos se refieren, también, a las consideraciones de Kelsen).

[48] Núm. 224 (existe una traducción parcial al japonés). Las reflexiones sobre este libro se originaron, quizá, en Ginebra y se complementaron en 1939. El texto pasó a imprenta en 1940, recibió los derechos de autor hasta 1941, empero, debido a la efervescencia de la guerra no pudo entregarse sino hasta 1946. Errata en Kelsen, Vergeltung und Kausalität (reimpresión de 1982), p. x; Métall, *op. cit.*, p. 68. Las reflexiones de Kelsen sobre este tema se incluyeron, también, en el libro en inglés *Society and Nature* (1943, núm. 246, existen traducciones al italiano y español) que contiene las partes Vergeltung und Kausalität que aquí importan.

nuscrito de unas 40 páginas, probablemente de la década de los años 30,[49] el cual, es evidente, Kelsen consideraba concluido.[50,51]

La teoría de Kelsen consiste en que un análisis de "las sociedades primitivas, así como de la peculiaridad de su mentalidad" muestra que los primeros hombres no se explicaban la naturaleza de acuerdo con el principio de causalidad, sino por medio del de retribución; esto es, mediante la vinculación de dos hechos por una proposición nominal. La naturaleza como la conocemos no existe aún, sino exclusivamente la sociedad. La retribución funciona como la

---

[49] Alrededor de 30 páginas mecanografiadas y 8 páginas de notas a pie de página; ambas fueron corregidas por Kelsen en numerosas partes a mano (caja 3, carpeta Ib de la herencia).

[50] Este tema es tratado en la 2a parte (Griechische Religion und Philosophie), capítulo IV (Die Vergeltungsidee in der Religion der Griechen) del libro *Vergeltung und Kausalität* (1939-1946, núm. 224) y, también, en el libro en inglés *Society and Nature* (núm. 246) publicado en 1943 que contiene las partes *Vergeltung und Kausalität* que aquí importan.

[51] En estrecha relación con Vergeltung und Kausalität se han realizado otras dos publicaciones que afectan este ámbito: en 1939 el *Journal of Unified Science*, vol. 8, p. 69 y ss, publicó el ensayo Die Entstehung des Kausalgesetzes aus dem Vergeltungsprinzip (núm. 220, existe una traducción parcial al inglés [de 1941, *cfr.*, inmediatamente debajo], una traducción completa al mismo idioma (1973), así como al italiano y español; también existen traducciones parciales al japonés, coreano y español) que contiene esencialmente los capítulos V y VI del libro *Vergeltung und Kausalität*. Además, una versión inglesa más corta iba a aparecer en 1939 bajo el título Causality and Retribution (*Journal of Unified Science*, 1939, vol. 9, p. 234 y ss [núm. 219]) pero –al no encontrarse publicada– sólo está disponible en forma separada. Una traducción parcial de la primera contribución al inglés se publicó con el mismo título en una segunda ocasión (Causality and Retribution) en la revista *Philosophy of Science* (vol. 8, p. 533 y ss) en 1941 y se reimprimió en 1957 en la antología *What is Justice?*, p. 303 y ss.

Sin embargo, Kelsen no parece haber realizado ningún desarrollo significativo, aunque de vez en cuando vuelve al tema, verbigracia, en su ensayo en inglés Causality and Imputation, *Ethics*, 1950, vol. 61, p. 1 y ss (núm. 289a), reimpreso en *What is Justice? Justice, Law, and Politics in the Mirror of Science. Collected Essays*, 1957, p. 234 y ss; así como en las contribuciones alemanas que son similares, "Kausalität und Zurechnung", *Zeitschrift für öffentliches Recht*, 1954, vol. 6, p. 125 y ss (núm. 312) y, bajo el mismo título, en *Archiv für Rechts-und Sozialphilosophie*, 1960, vol. 46, p. 321 y ss (núm. 341).

Grundnorm de esta. Así, el principio de retribución deviene, análogamente, en el principio explicativo de causalidad.[52]

Al dualismo de imputación y causalidad, así como al dominio del principio de retribución sobre la mentalidad de los primeros hombres, se une la tercera tesis de que la ley de la causalidad nació de la norma de retribución. La filosofía natural griega ya había evolucionado desde el pensamiento místico-religioso de la prehistoria, hasta una separación casi total de la ley causal del principio de retribución. Después, esta perspectiva se esfumó de nuevo en la cosmovisión teológica de la Edad Media y sólo fue retomada hasta Hume. El progreso determinante, sostiene, consiste en que las personas tomen conciencia de que las relaciones entre los objetos, a diferencia de los vínculos entre los humanos, son "independientes de la voluntad humana o sobrehumana o, lo que es lo mismo, no están condicionadas por normas".[53] El principio de retribución, sin embargo, ha tenido efecto hasta el tiempo presente. Kelsen observa la discusión teórico-científica de su tiempo como un proceso de emancipación progresiva del pensamiento retributivo.[54]

En *Retribución y causalidad* se dedican dos capítulos a la discusión sobre los antiguos griegos. En el primero (que corresponde al capítulo IV), *La idea de retribución en la religión de los griegos*, Kelsen examina el pensamiento retributivo, tanto en la elevada religión dibujada por Homero, como en la versión popular transmitida por

---

[52] Kelsen, *Vergeltung und Kausalität* (1939-1946), p. 66. Planteamientos similares –con referencia a Kelsen– pueden hallarse, por ejemplo, en Ernst Topitsch y Günther Dux. *Cfr.* Topitsch, *Vom Ursprung und Ender der Metaphysik -Eine Studie zur Weltanschauungskritik*, 1972, p. 37, quien utiliza los ejemplos recogidos por Kelsen en tanto prueba de una "concepción sociomórfica del mundo". El enfoque de Topitsch para describir la mentalidad precientífica es, sin embargo, más amplio que el de Kelsen ("cuadro intencional del mundo"). *Cfr.*, además, Topitsch, introducción, pp. XXVI y XXX. Véase, además, Dux, *Die Logik der Weltbilder*, 3a ed., 1982, p. 107 y ss ("Sujektivistiches Deutungsparadigma") y Dux, Das Sollen in der Positivität des Seins. Zur Genese der normativen Verfassung der Gesellschaft, en Walter y Jabloner (Eds.), *Hans Kelsen Wege sozialphilosophischer Forschung*, Schriftenreihe des Hans Kelsen-Instituts, 1997, vol. 20, p. 9 y ss.

[53] *Cfr.*, en resumen, Kelsen, *Reine Rechtslehre*, 2a ed., 1960, p. 88.

[54] *Cfr.* Jabloner, Artículo, p. 27.

Hesíodo. Kelsen rastrea el desarrollo del pensamiento retributivo en la tragedia griega, el cual culmina en la doctrina de Platón sobre las almas e ideas. Mientras que la filosofía presocrática de la naturaleza ya se había movido en dirección al conocimiento científico-causal, Platón quiso oponerse, de manera consciente, a ella con su doctrina sobre las almas e ideas. De acuerdo con Kelsen, es el intento decisivo jamás imaginado por remplazar la ley orientada a la causalidad, la explicación científica del mundo, por una interpretación acorde a un principio normativo de valor. Una cosmovisión del mundo en cuyo centro no se encuentra la naturaleza, sino la sociedad, esto es, el hombre en relación con su humanidad y, por tanto, el problema también de la justicia e inmortalidad del alma.

Finalmente, en el capítulo v, Kelsen trata por separado el surgimiento de la ley de causalidad a partir del principio de retribución en la filosofía de la naturaleza griega. Describe meticulosamente esta evolución desde Tales, pasando por Anaximandro, hasta Heráclito y su famosa frase: *"El sol no sobrepasará sus dimensiones, pero si lo hace, las Erinias, las ayudantes de Diké, sabrán contenerlo"*. Aquí, el progreso es la inviolabilidad de la ley, en virtud de la cual el sol mantiene su curso, pero la obligatoriedad del dique es (todavía) una necesidad normativa.[55]

A través de otros pensadores –especialmente Parménides con la obligatoriedad absoluta de una norma jurídica divina–, el concepto moderno de causalidad sería finalmente alcanzado, esencialmente, por los atomistas –Leucipo y Demócrito–. Esto se debe a que los aspectos teológicos serían eliminados y, por tanto, la ley de causalidad sería remplazada por el principio de retribución. Con los atomistas, la "ley de la naturaleza" deja de ser una norma, esto es, expresión de una voluntad.[56]

Dejemos que este somero resumen sea el final del presente asunto. La importancia de esta parte de la filosofía social de Kelsen ya fue

---

[55] Kelsen, *Vergeltung und Kausalität*, p. 243.

[56] Kelsen, *Vergeltung und Kausalität*, p. 251 y ss; *Cfr. Topitsch*, introducción, p. XXVII.

señalada por nuestro instituto en 1999 en una conferencia dedicada a las relaciones entre la Escuela teórico-jurídica de Viena y el Círculo de Viena.[57] Kelsen comparte esta visión sobre la modernidad de los filósofos naturales griegos con otros importantes pensadores, particularmente con Karl Popper.[58]

7. Observaciones finales

Con este acto, el Instituto Hans Kelsen continúa con su programa de someter a discusión partes poco conocidas de la obra de Hans Kelsen. Este documento dedicado al compromiso de Kelsen con la filosofía griega es novedoso. Tiene un carácter totalmente experimental. De este modo, nos gustaría iniciar un proceso de debate. Pero esto todavía requerirá estudios en profundidad.

---

[57] Jabloner/Stadler (Eds.), *Logischer Empirismus und Reine Rechtslehre. Beziehungen zwischen dem Wiener Kreis und der Hans Kelsen-Schule*, Veröffentlichungen des Instituts Wiener Kreis, vol. 10, 2001.

[58] *Cfr.* Popper, *Die Welt des Parmenides*, 2005, p. 31 y ss.

I. Eros

1. El problema de Eros en la investigación platónica

Más que en cualquier otra creación espiritual, aquellas de los grandes maestros de la ética están arraigadas en su vida personal –y la filosofía de Platón tiene que ser esencialmente entendida como ética–;[1] cada especulación sobre el bien y el mal se origina en experiencias éticas que convulsionan por completo al individuo. Así también el gran pathos que domina el trabajo de Platón, su dualismo trágico y esfuerzo heroico por superarlo, está enraizado profundamente en el carácter peculiar de este individuo filosófico, en su única fe y actitud personal hacia la vida. La experiencia vital de Platón estuvo, sin embargo, fundamentalmente condicionada por los sufrimientos del amor, por el Eros platónico. La concepción que podemos hacernos de Platón a partir del vestigio documental no nos muestra una naturaleza erudita y fría, contemplativa, que encuentra sus satisfacciones en una conciencia aguda del mundo, no es una naturaleza filosófica cuyo pensamiento y empeño se dirigían a esclarecer y dilucidar tanto la naturaleza, como la sociedad, a hacer inteligible la profusión confusa de lo dado; más bien nos muestra un alma sacudida por los más poderosos afectos –aliada a su Eros, del que no podía separarse– en la que residía una voluntad incontenible de poder sobre los hombres. Educar al amarlos, amar a los hombres al educarlos, establecer su convivencia como una comunidad basada en el amor, aquellos eran

---

[1] Demostraré esta afirmación en una investigación más detallada que será publicada en otro lugar. Lo que aquí se sigue es tomado de aquel trabajo.

los anhelos de esta existencia; la formación del hombre y la reforma de esta sociedad, su objetivo.[2] Por esta razón, el pensamiento de Platón no tomó por objeto más que la educación y el Estado. En consecuencia, el bien se convirtió para él en el supremo problema: la justicia, que es la única justificación del dominio del hombre sobre el hombre, la única legitimación de la paideia no menos que la politeia. Pero los logros pedagógico-políticos de Platón surgen de la fuente de su Eros. Cuando se reconoce finalmente que desde este Eros brota la dinámica del filosofar platónico, entonces ya no se pueden cerrar los ojos a las peculiaridades de él. Es la peculiaridad de este Eros platónico la que explica la relación personal de Platón con la sociedad en general y con la sociedad ateniense-democrática en particular. Ella expone su huida de este mundo y al mismo tiempo su anhelo por dominarlo de manera constructiva. Es la singularidad de este Eros lo que explica el chorismos platónico y, también, la tendencia a someterlo. Sin este Eros especial, ni el hombre, ni su trabajo serían comprendidos.

Este Eros, que interpreta un papel decisivo en la vida y doctrinas de Platón, no es la disposición a la que estamos inclinados a pensar cuando hablamos de amor; no es la propensión somática y espiritual de reunir a los seres de los diferentes sexos, el llamado que conduce lo masculino a lo femenino, la mujer al hombre y, a través del cual, estamos compelidos a observar una regla fundamental de todo ser viviente. El Eros platónico es, por decirlo de alguna manera, una excepción a esta regla, a la que se ajusta la gran masa de la humanidad. Este es el amor entre seres del mismo sexo, en particular, es la compulsión que direcciona al varón hacia los hombres y que, en el mundo antiguo, en ciertos círculos, estuvo difundido como amor a la juventud. No hace mucho tiempo, en efecto, se encontró el coraje para ir en contra de esa mojigatería falsa, que pretendía creer que el Eros platónico no era más que una metáfora de la inclinación a

____

[2] *Cfr.*, para esto Kurt Singer: Platon der Gründer. 1927, p. 159.

30

la filosofía.[3] Sin embargo, no hace tanto que hemos aprendido, sin duda, a comprender correctamente el Eros homosexual. A la investigación moderna, que penetra en las profundidades inconscientes de la psique, debemos la constatación de que, el contraste entre el amor por el mismo sexo y por el opuesto no es, de ninguna forma, tan nítido como se creía hasta ahora. En el fondo de todo corazón humano, tras la fachada de la heterosexualidad se esconde, también, la homosexualidad. Por este motivo, no existe un abismo que separe

---

[3] *Cfr.*, por ejemplo, Zeller: Die Philosophie der Griechen, II, 5a ed., p. 610 o Robin: La théorie Platonicienne de l´amour, París 1908: *"Néanmoins il est bien certain que l'amour des jeunes-gens dut lui sembler plus voisin qu'aucun autre de l'amour philosophique, pourvu que les inspirations auxquelles il donne lieu conservent un caractère tout moral et n'aient rien de commun avec la passion sensuelle. La grande raison qui fit préférer l'homme à la femme comme objet de l'amour platonique, a écrit très justement Renouvier, c'est que l'immatérialité de cet amour, qui es tout idéal quand il est ce qu'il doit être, c'est que le culte de la Science, qui en est le moyen, et la connaissance du bon et du beau, qui en est la fin, ne permettent guère qu'il se développe qu'entre deux philosophes, l'un maître, l'autre disciple. (Manuel de Philos. anc., II, 104, e). Au reste le seul amour des jeunes-gens auquel les Lois consentent à faire place dans la cité est celui qui a la vertu pour but et qui vise à rendre meilleur celui qui en est l'objet* (VIII, 837 B-D). *En résumé, l'amour tel que le comprend Platon, c'est un amour dans lequel la passion n'a point de part : qu'il ait son origine dans l'émotion qui donne naissance à l'amour charnel, soit tel que le veut la nature, soit tel que l'a fait la dépravation des mœurs, ce n'en est pas moins tout autre chose. C'est un amour qui, détourné des objets sensibles accoutumés, tend seulement vers la science et vers la vertu, ce qui, d'ailleurs, n'est pour lui qu'un seul et même but"*. Ferner C. Ritter, Platon sein Leben, seine Schriften, seine Lehre, 1910-1923. I, p. 170: "En cualquier caso, Platón condena enérgicamente cualquier tipo de vicio antinatural. A saber: la pederastia en una connotación negativa, como una relación sensual impúdica. El significado que acostumbramos a dar a la palabra, como cualquier lector del "Fedro" o el "Banquete" sabe, es totalmente diferente del que se aplica a la relación de Sócrates o Platón con sus alumnos: un grupo de hombres mayores y jóvenes con ideas morales afines que se esfuerzan, bajo el apoyo recíproco, por un propósito común". *Cfr.* Kurt Hildebrandt: Übersetzung von Platons Gastmahl (Philosoph. Bibliothek, vol. 81, 2a ed., p. 32).

[Georg Mehlis, "Die platonische Liebe", *Logos. Internationale Zeitschrift für Philosophie der Kultur*, vol. III, 1912, p. 323. Mehlis interpreta el *Eros* platónico de la siguiente forma: "La esencia del amor es el anhelo de inmortalidad". *Cfr.*, también, John Jay Chapman, Lucian, Plato, and Greek Morals, 1931, p. 120 y ss; Warner Fite, The Platonic Legend, 1934, p. 153 y ss. Warner Fite es uno de los pocos autores que nombra las cosas por su nombre. Dice, en la página 176: "…la espiritualidad platónica se deriva de la pederastia"].

lo supuestamente normal de lo así llamado anormal, como podría justificar el indignado desprecio de aquello sobre este. Lo normal no tiene una razón legítima para abominar lo anormal. Una psicología y caracterología que emplean métodos más refinados, nos han enseñado que es justamente la conciencia de las inclinaciones que actúan contra la norma lo que da lugar a fuertes tendencias por adaptarse. La investigación biográfica nos ha mostrado en grado creciente las propensiones sexualmente anormales de los grandes genios. Una mirada inclusive al temprano periodo del desarrollo de las personalidades más prominentes puede enseñarnos mucho sobre qué tan circunspectos deberíamos ser en nuestra condena ética de las desviaciones eróticas, qué tan poco deberíamos identificar la norma sexual con la norma moral. Sin embargo, hoy debería ser una proposición auto-evidente de que no se viola en el más mínimo grado la veneración debida a un gran hombre en el dominio del espíritu al tratar de alcanzar una comprensión de su Eros ya que, sin esto, el entendimiento de su personalidad y su trabajo serían imposibles; y aunque hoy en día debería ser no menos evidente que la grandeza y preeminencia de una personalidad histórica no puede sufrir ningún tipo de menoscabo si se reconoce que su Eros no siguió el camino de toda carne, aún en aquellos círculos que han prestado los más grandes servicios al ofrecernos una interpretación correcta del Eros y, con ello, de la obra completa de Platón, incluso en la actualidad se encuentra inconclusa la comprensión de la peculiaridad de este Eros. En consecuencia, todavía no se ha alcanzado el punto esencial en la comprensión de las doctrinas platónicas. Por supuesto que Platón quiso decir amor, y no algo esencialmente diferente cuando habló de Eros se ha enfatizado especialmente en este intento de interpretación platónica. Así, se ha descubierto que este Eros es la raíz de toda filosofía platónica. Sin embargo, lo que se habla en estos círculos sobre el Eros platónico es aproximadamente correcto. No ha sido desvelada su peculiaridad, aunque —cuando menos en principio— ha sido reconocida. Puesto que estos intérpretes fijan como objetivo una apoteosis más que una interpretación crítica objetiva de Platón en particular su teoría social permanece en la oscuridad hasta el punto de que su entendimiento puede basarse no en el Eros general, sino en las peculiaridades del Eros platónico.[4]

2. El Eros homosexual

Es justo por la relación con la sociedad que una disposición homosexual es de la mayor importancia. La conciencia de "ser diferente" induce un doloroso aislamiento, con ello surge cierta oposición hostil a la sociedad que al no comprender plenamente estas formas peculiares de Eros no sólo las desprecia, sino que a menudo somete su expresión a un castigo jurídico. La contravención de la norma jurídica que está más o menos asociada con las desviaciones de la norma sexual, e inclusive, el conocimiento de inclinaciones hacia esta violación produce el sentimiento de culpabilidad e inferioridad, predispone hacia una perspectiva pesimista del mundo y crea un anhelo de salvación personal. Aún con mayor fuerza que en el caso del Eros normal, el amor homosexual del hombre genera tendencias ambivalentes de subordinación, incluso a sacrificarse a sí mismo por el objeto amado y, al mismo tiempo, a dominarlo. Tener poder sobre los hombres. Esto es, por lo tanto, característico de este tipo de Eros que es ambivalente. Por una parte, está dirigido contra la sociedad, de hecho, es destructivo del mundo, representa una huida del mundo social. Por la otra, hacia la adquisición de poder y dominio de la sociedad y superación del antagonismo contra ella. En general, esta es una tendencia al dualismo pesimista. Los sentimientos de culpabilidad e inferioridad son compensados, mejor aún, sobrecompensados, por una autoconciencia potenciada por la ambición social. La política y los esfuerzos pedagógicos relacionados con ella son los que

---

[4] Para esta clase de interpretación platónica, en un ejemplo especialmente característico y destacado, véase, Heinrich Friedemann: Platon Seine Gestalt, Berlín 1914. Franz Joseph Brecht ofrece una descripción exhaustiva de esta tendencia: Platon und der George-Kreis. Das Erbe der Alten. Schriften über Wesen und Wirkung der Antike. Segunda serie. Compilado y publicado por Otto Immisch. Cuaderno XVIII, Leipzig 1929.

prosperan especialmente en esta atmósfera espiritual. De la misma atmósfera también surgen la necesidad de justificación y su inherente problema ético: el postulado de la justicia que sirve para legitimar el hecho del dominio sobre los demás.

Una variante particular de este tipo de carácter muestra un vínculo fuerte hacia el padre y hermano, indiferencia, incluso hostilidad hacia la madre. En la relación con esta a menudo yace la raíz de una perversión sexual. El deseo incestuoso no vencido causa al sujeto afligido que ame en cualquier mujer sólo a la madre, consecuentemente, lo obliga a alejarse de las mujeres en general y lo direcciona hacia su propio sexo.[5] Los motivos morales obligan entonces a una renuncia siempre renovada a la satisfacción de los impulsos perversos. Esta situación psíquica es una fuente constante de alimento para el sentimiento de inferioridad nunca del todo compensado por la autoconciencia hipertrofiada y la inclinación asociada a una visión pesimista del mundo. Como consecuencia de lo anterior, se observa, a menudo, un cierto infantilismo. Una incapacidad o falta de voluntad para ir más allá de un nivel particular de erotismo de juventud. La "eterna juventud" es a menudo una personalidad que no tiene el coraje de convertirse en adulto. No desea serlo, porque él mismo siente que no está a la altura de los adultos. Por esta razón, desvía su deseo de dominar a los hombres y obligarlos a someterse a su voluntad, hacia objetos que, por alguna razón, son considerados más adecuados. Busca permanecer en la esfera del infantilismo y, dado que desea dominar y educar, se convierte en profesor. El deseo pedagógico es a menudo una voluntad de poder camuflada a partir del objeto original, al complejo de inferioridad del sujeto. El amor a la juventud y educación siguen siendo la preocupación de aquellas existencias que de esta forma disfrazan su propia situación de una manera ideológica. Esta ideología considera el mundo de los adultos demasiado estropeado, de tal suerte que no es posible reformarlo. Pero si tal actitud se eleva por encima del ámbito estrictamente pedagógico al de la po-

---

[5] *Cfr.* Otto Rank: Das Inzestmotiv in Dichtung und Sage. 1912, p. 274 y ss; [Rolf] Lagerborg: Die platonische Liebe, 1926, pp. 79, 230.

lítica en general, entonces muestra su tendencia sorprendentemente conservadora, incluso reaccionaria. Está caracterizada por una estimación excesiva del pasado. Esto es el pasado para alguien torturado por el sentimiento de culpa y que nunca ha sido capaz de librarse de él debido a una fuerte conciencia del ego y autoestima: los días de la infancia inocente y pura, al cuidado de un padre. Sólo la remembranza, es decir, la recolección de la propia infancia es buena, bella y consolante. Volver a ser un infante de nuevo, regresar a la infancia, volver al padre de los padres, al código paterno, la reconstrucción de la autoridad paternal es decisivo también en el campo político. El resultado de este tipo de Eros es una actitud básica que tiende a ser conservadora, aristocrática y antidemocrática. La característica de la homosexualidad debe permanecer excepcional, no puede ni debe ser una regla general si la sociedad no es destruida (al extinguirse). Desde este punto de vista, debe postularse un esquema social que asuma no una igualdad básica, sino una desigualdad. Deben existir privilegios especiales porque existe una actitud especial para los pocos que son diferentes al promedio. Estos, tan luego como superan sus sentimientos de inferioridad y adoptan una actitud positiva hacia la sociedad, pueden hacer esto sólo en la medida en que se perciban a sí mismos mejores que los demás, o más valiosos que la masa. Al Eros homosexual, en vista de la desigualdad fundamental demostrada por su propia existencia, nada puede ser más despreciable, nada más antinatural, nada más injusto que la igualdad de la democracia. Por una parte, se inclina hacia una actitud completamente conservadora, inclusive reaccionaria. Por la otra –de manera ambivalente o contradictoria– se ve constreñido a devenir, en la medida en que busca justicia, bastante revolucionario y a esperar una salvación a partir de un cambio radical. Esto podría ser la transformación psíquica de la inversión interior, o el radical revés de la situación jurídica existente, donde los primeros se convierten en los últimos y los últimos en los primeros –como en el sermón de Jesús– o donde son llamados a dominar, justo ese tipo de los que ahora son considerados inadecuados: el filósofo –como en el Estado ideal de Platón.

3. La relación de Platón con su familia

Lo que sabemos sobre la vida de Platón es poco y eso poco, incierto. Su nombre real fue Aristocles. El apodo de "Platón", bajo el cual adquirió inmortalidad, fue dado debido a su complexión robusta. Su semblante, a juzgar por los datos que se conservan, fue amplio, sus rasgos delicados, de hecho han sido representados como afeminados.[6] Se dice que su voz era fina y delgada. Esto podría haber sido la razón de su objeción al llamado para ser un orador.[7] Sobre su personalidad, Aristóteles[8] afirma que fue un melancólico.[9] Nadie lo vio reír de corazón en su juventud, dice Diógenes Laercio,[10] a quien debemos este verso del poeta Dexidémides: "¡Oh, Platón! Todo lo que sabes es como fruncir el ceño, con las cejas levantadas, como cualquier caracól".

"Triste como Platón", fueron palabras aladas en la antigüedad.[11] Pero esta melancolía, que proyectaba su oscura sombra de manera reiterada sobre su obra, siempre fue desplazada por su entusiasta excitación la cual no es menos obvia en sus diálogos. Y es precisamente esta alternancia la que confiere al conjunto de la filosofía platónica un omnipresente aire de juventud.[12] Sobre la familia de Platón se

---

[6] Ritter, *op. cit.*, p. 180.

[7] Diógenes Laercio, III, pp. 4-5; *cfr.*, Karl Steinhart: Platons Leben (Platons sämtliche Werke) traducido por Hieronymos Müller, con introducciones de Karl Steinhart, tomo IX, 1873, p. 69 y 72.

[8] Aristóteles: Problemas XXX.

[9] [M.] Pohlenz: Aus Platons Werdezeit, 1913, p. 129. Sobre esto, remarca que la melancolía que Aristóteles atribuye a Platón no podría haber sido como la nuestra. "Las personas melancólicas son περιττοὶ ἄνδρες. En ellos, la bilis negra predomina en la composición de su salud corporal y los constriñe a la anormalidad que puede conducir a muchos genios a la locura. Esta se expresa a sí misma, en algunos individuos, como fuertes cambios de humor. Podemos confirmar que Platón experimentó estos cambios de humor en muchos de sus escritos". Platón parece haber pertenecido a los que ahora son denominados "maniacodepresivos".

[10] Diógenes Laercio, III, 26, p. 28.

[11] Lagerborg, *op. cit.*, p. 81.

[12] *Cfr.* Lagerborg, *op. cit.*, p. 180 y ss, 196 y ss; E. Spranger: *Psychologie des Jugendalters*, [1927], p. 193. "Pero, respecto a la psicología de la juventud hay que añadir

sabe que fue una línea perfectamente establecida. El padre Aristón, al parecer fue un hombre tranquilo y retraído, alejado de Platón en su primera juventud. Se podría pensar que Platón quiso mucho a su padre. Cuando era adulto inclusive lo recordaba con reverencia; por eso permite a Sócrates apostrofar a sus hermanos, Glaucón y Adimanto, participantes del diálogo "La República" –al citar el poema de un admirador de Glaucón–. "Hijos de Aristón, divina descendencia de un héroe ilustre".[13] Aún más significante es, sin embargo, otro pasaje de "La República". En uno de los puntos culminantes de su obra, donde sigue hasta los confines de lo expresable la cuestión de la naturaleza del Bien, llega a una duplicación del objeto de su investigación. Esta duplicidad es un elemento típico de cada especulación metafísica. El Bien existe en dos manifestaciones, una trascendental y otra empírica. Para describir la relación entre ambas, Platón no encuentra otra expresión más que la alegoría y esta es muy característica. Esta es la relación del padre y el hijo. Platón afirma que no puede hablar del padre mismo, quien es el Bien invisible; puede hablar únicamente del hijo visible del Bien. El padre es aquí, muy claramente, Dios mismo, Dios Padre.[14] Es precisamente al padre a quien el mito busca

---

en particular: en esta etapa del desarrollo se puede ver, por decirlo de algún modo, el origen desatinado de las ideas. Viven una existencia separada de la experiencia, no afectada por todos aquellos matices y compromisos que resultan de la aplicación a un nivel definido de cultura. La χωρίς de la idea (vida aparte) que tanto se acentúa en el periodo medio de Platón corresponde, por tanto, en la más alta medida, a la estructura psíquica de la adolescencia. La filosofía de Platón es la filosofía de un adolescente. Lagerborg cree (*op. cit.*, p. 196) que la disposición de Platón puede ser caracterizada como una "pubertad repetida".

[13] *República II*, 10 (p. 368). *Cfr.*, al respecto también, Wilamowitz-Moellendorff, *Platón*, 2a ed. 1920, I, p. 37 y ss. Si no se indica lo contrario, se emplearán las traducciones de B. Jowett de los Diálogos de Platón.

[14] *República VI*, 18, pp. 506-507.

No, dulces señores, no preguntemos, por el momento, cuál es la naturaleza real del bien, pues alcanzar lo que ahora está en mis pensamientos sería un esfuerzo demasiado grande para mí, Me gustaría conversar sobre el hijo del bien, que es más parecido a él, si pudiera estar seguro de que desean oírlo –de lo contrario, no–". El padre del niño es la idea del bien, el bien absoluto. Las ideas son conocidas, pero no vistas. El hijo del bien es el bien visible. El órgano a través del cual vemos las cosas es la vista.

desplazar. El héroe y redentor no tienen, o cuando menos no terrenalmente, un padre. De esta manera, por tanto, (no mucho después de la muerte de Platón) se puso de moda en Atenas hablar del filósofo como si hubira nacido de su madre, la inmaculada concepción. Su verdadero padre no fue Aristón, sino el dios, Apolo.[15] La relación con sus hermanos parece haber sido buena, especialmente con el más joven.[16] Platón en sus obras muestra un esfuerzo por preservar

"Pero ves que, sin la adición de alguna otra naturaleza, no hay ver sin ser visto? ¿Qué quieres decir?

La vista estará, como lo concibo, en los ojos y el que tiene ojos quiere mirar. El color está presente en ellos, a menos que haya una tercera naturaleza adaptada especialmente a tal propósito, el propietario de los ojos no verá nada y los colores serán invisibles.

¿De qué naturaleza estás hablando?

De la que tú llamas luz –respondí–.

[...]

¿Y cuál, pregunté, de los dioses en el cielo dirías que fue el señor de este elemento? ¿De quién es esa luz que hace que el ojo vea perfectamente y aparezca lo invisible?

Te refieres al sol, como toda la humanidad y tú, dice.

[...]

[...] ¿el sol no es la vista, pero su autor es reconocido por ella?

Es cierto –dijo–.

Y este es quien llamo el hijo del Bien, el que el Bien engendró a su semejanza para ser en el mundo visible, relación con la vista y sus objetos, lo que el Bien es en el mundo intelectual en relación con la mente y las cosas de la mente [...].

Mateo XI, 27: "Todo me ha sido entregado por mi Padre y nadie conoce al hijo excepto el Padre -ni nadie conoce al Padre, excepto el hijo y aquél a quien el hijo elije revelarlo".

[15] Diógenes Laercio, III, 2. *Cfr.*, también, Steinhart: Das Leben Platons, p. 45.

Diógenes Laercio (traducido por R.D. Hicks. The Loeb Classical Library), III, I, narra que "en Atenas se contaba que Aristón hizo el amor violentamente a Perictione, entonces en flor (ὡραὶαν οὖσαυ), pero no consiguió conquistarla. Cuando dejó de agredirla, Apolo se le apareció en un sueño, con lo que la dejó tranquila hasta el nacimiento de su hijo". Con este término ὡραὶαν, Diógenes o su autoridad, probablemente intentaban expresar, de una forma metafórica, el embarazo de Perictione. Este era, obviamente, el verdadero motivo por el que se negaba a mantener relaciones sexuales con su marido. *Cfr.* Steinhart, *op. cit.*, pp. 35 y 281; *cfr.*, también, Frederick J. E. Woodbridge, *The Son of Apollo. Themes of Plato*, 1929, p. 2.

[16] *Cfr.* Ulrich von Wilamowitz-Moellendorff, *op. cit.*, (*Platon*, Tomo I, 1919) p. 37.

el recuerdo de los varones de su familia. También, inmortaliza a su medio hermano Antifonte (en "Parménides"). [Esto es tanto más sorprendente cuanto que Platón suprime radicalmente la familia, esto es, la comunidad basada en la unión sexual del hombre y la mujer en su estado ideal].[17] Respecto a uno de sus tíos, el brillante Critias, conservaba una ardiente veneración.[18] Las mujeres, por otra parte, no formaban parte de la vida de Platón.[19] No hay vestigio en ninguna de sus obras de la relación con su madre Perictione, cuyas segundas nupcias fueron con el político Pirilampes; a menos que creamos a Wilamowitz-Moellendorff[20] quien conjetura que la única mujer descrita por Platón, la esposa ambiciosa caracterizada en el libro VIII de la "República",[21] es un retrato de la madre del filósofo. Ahí, se trata del "joven hijo de un padre valiente" quien, al "habitar en una ciudad mal gobernada", se toma lo que sucede con tranquilidad "en lugar de batallar y despotricar en los tribunales o asambleas" y una madre que se queja de "su esposo que no cuenta con un puesto en el gobierno y, en consecuencia, ella no tiene precedencia entre las otras mujeres". Por si fuera poco, "no es muy ávido de dinero […] sus pensamientos siempre se centran en sí mismo, mientras la trata con una indiferencia considerable" y ella, molesta profundamente por todo esto, le dice a su hijo "que su padre es, tan solo, la mitad de hombre y demasiado fácil para dejarse llevar –añadiendo– todas las otras quejas sobre sus propios malos tratos que las mujeres son tan aficionadas a ensayar". A través de tal influencia, al final, padre e hijo no quedan en los mejores términos.

Tal vez, podríamos ver un ligero indicio en la muy llamativa descripción del carácter tiránico conferido en el capítulo IX de la Repú-

---

[17] *Cfr.* Theodor Gomperz, *Griechische Denker*, tomo II, 4a ed., 1925, p. 426.

[18] *Cfr.* Wilamowitz-Moellendorff, *op. cit.*, p. 37.

[19] Karl Steinhart lo expresa (*op. cit.*) al decir que: "incluso las maliciosas habladurías de sus oponentes no sabían que contar respecto a sus relaciones eróticas con las mujeres". *Cfr.*, también, Wilamowitz-Moellendorff, *op. cit.*, p. 37.

[20] Wilamowitz-Moellendorff, *op. cit.*, p. 434.

[21] *República* VIII, 5, pp. 549-550.

blica.[22] Aquí, Platón habla de preocupaciones tan íntimas de la mente que estaríamos autorizados a conjeturar una autoconfesión, aunque él mismo no se hubiera referido a ella, al decir que todas estas consideraciones podrían provenir únicamente de alguien que tiene una clara visión de este tipo de carácter, "que no sólo es capaz de juzgar, sino que ha vivido bajo el mismo techo con un tirano". Seguramente Platón, aquí como en los comentarios subsecuentes en los que Sócrates se asume a sí mismo y a su audiencia como personas que antes han tenido que ver con tiranos, desea hacer referencia, aunque únicamente secundaria, a la experiencia con eventos contemporáneos. El carácter tiránico, la raíz fatal de lo que declara ser las pasiones urgentes del Eros tiránico, bien podría ser el odiado y reprimido segundo Yo de Platón. Sólo de esta forma puede propiamente, y en el sentido más profundo, decirse que "habita en el mismo lugar con él". Cuando caracteriza en su "Hipias mayor" el conflicto entre un Yo superior y un Yo inferior en el pecho de Sócrates, le hace hablar de sí mismo como un doble. Sócrates afirma sobre su segundo Yo: "Él es mi relación más cercana y habita en la misma casa conmigo. Cuando vuelvo a mi hogar, y me escucha hablar, me pregunta si no siento vergüenza de mí mismo".[23]

¿De qué otro tirano, si no es más que el de su propio pecho, puede hablar Platón cuando lo caracteriza fundamentalmente a través de sus sueños los cuales son tan criminales que podrían ser conocidos únicamente por el soñador? Este es el sueño sobre el que habla Platón cuando afirma: "no hay sinrazón ni vergüenza que el tirano que hay en ellos no emprenda, ni culpa de sangre que no esté dispuesto a asumir". Y, entre todos los crímenes, destaca primero: "Atender a la propia madre, o a cualquier otro ser, ya sea hombre, dios o bestia". Si esta no fuera la propia mente que Platón desvela sus más recónditos

---

[22] *República* IX, 4, p. 577.

[23] *Cfr.*, también, la traducción de O. Apelt de "Hipias Mayor", Philsophische Bibliothek, vol. 172 a, 2a ed., p. 6, y una observación similar en el diálogo "Leyes" IX, 873 c, donde Platón describe el suicidio con las siguientes palabras: "¿Y qué sufrirá el que mate a quien de todos los hombres, como se dice, es su mejor amigo?".

deseos por los cuales se autoflagela al confesarlos, cómo entender, entonces lo siguiente: "Al decir esto he cometido una digresión; pero el punto que deseo subrayar es que en todos nosotros, aún en los hombres buenos, existe una bestia salvaje, sin ley, que se asoma en el sueño".[24]

4. La actitud de Platón hacia las mujeres

No es necesario apoyarse en un soporte débil para reconocer plenamente la actitud tortuosa de Platón hacia la mujer como compañera y, especialmente, como madre. El valor, o ausencia de este, que Platón le otorga recibe una clara iluminación cuando se toma en consideración el lado en que la coloca en la imagen del mundo de dos caras de las especulaciones éticas platónicas. Aunque Platón no dice expresamente esto, no cabe duda, reconoce en lo masculino el principio del Bien y, en lo femenino, el del Mal.

a) *Filebo y Timeo*. En *Filebo*, donde el conflicto del Bien y el Mal es descrito en términos de la subordinación del placer frente a la razón, esta aparece como un varón, aquel como una divinidad femenina. El placer es asignado al dominio del porvenir, así como al de lo ilimitado, ambos pertenecientes al ámbito del Mal, en contraste con la idea, el Bien.[25] En el mito de la creación de *Timeo*, Platón se esfuerza en concebir el mundo empírico del ser como una mezcla de la idea y materia que es el Bien, y que interpreta un papel análogo en sus primeros diálogos al no-ser, el cual –de acuerdo con Platón– representa el Mal. Compara al ser, la Idea, el patrón primigenio inmutable, con el padre, y la materia, que aquí aparece en lugar del no-ser, aquello en lo que las cosas llegan a ser, el sustrato, con la madre.[26] Muy parecidos son los papeles repartidos en el mito del

---

[24] *República* ix, pp. 571-572.

[25] *Filebo* xv, p. 28; *cfr.*, también, Friedemann, *op. cit.*, p. 99: "Como elemento, el placer es un Ápeiron. Ápeiron y placer son ilimitados, pasivos y femeninos […]".

[26] *Timeo* 18, p. 50: "Por el momento, sólo tenemos que concebir tres naturalezas: primero, la que está en proceso de generación, segundo, aquella en la que tiene lugar la generación y, tercero, aquella de la que la cosa generada es su semejanza.

nacimiento de Eros, tal y como se cuenta en el "Banquete". Su padre es Poro o Abundancia, el hijo de Discreción o Metis; la madre, sin embargo, la imprudente Penia o Pobreza. Ella engaña al ebrio Poro para que tengan un encuentro carnal, como resultado de lo anterior, Eros es concebido como hijo de un padre "rico y sabio" y una madre "pobre e imprudente". El acto sexual ocurre únicamente en contra de la voluntad del hombre, todo lo bueno que de ello deriva proviene del padre, todo lo malo, de la madre.[27]

Sin embargo, con mayor claridad se encuentra expresada la estimación sexual-filosófica de Platón hacia la mujer en su doctrina de la transmutación de las almas., Por ejemplo, en dos lugares diferentes del "Timeo". En el primero se afirma que, durante la creación del mundo, un alma provenía de cada astro. La encarnación, esto es, el nacimiento terrenal, acontecía de tal manera que las almas primero devenían hombres. La primera humanidad es consecuentemente masculina; sin embargo, ya existe un amor apasionado en esta sociedad sin mujeres. Si aquellos varones logran dominar sus pasiones, por ejemplo, al llevar una vida adecuada, ellos volverán a los astros. Sin embargo, si son dominados por sus pasiones, al llevar una vida inadecuada, entonces:

> [...] cambiaría a la naturaleza femenina y, si en el estado del ser aún no abandonara el vicio, sufriría una metamorfosis hacia una naturaleza animal semejante a la especie en que se hubiera envilecido. No cesarían sus afanes y transformaciones si, conjuntamente con la revolución de lo mismo y semejante que hay en él, no controlara la turbulenta e irracional turba de las acrecencias anteriores [...] y, tras haberlas dominado con la ayuda de la razón, volvería a la forma de su primer y mejor estado.[28]

Podemos comparar el principio receptor como una madre, la fuente o manantial como un padre y la naturaleza intermedia como un niño". En la página 49 compara la materia, como sustrato de generación, con el "receptáculo, y en cierto modo, la nodriza de toda la generación".

[27] *Banquete* 23, pp. 203-204.

[28] *Timeo* 14, pp. 41/42. *Cfr.*, tambіén, Lagerborg, *op. cit.*, p. 25.

La existencia de las mujeres es, por lo tanto, directamente interpretada como un castigo a los pecados de los hombres. En el primer estado de inocencia la humanidad es hombre, la aproximación más cercana a la divinidad. En el paraíso platónico sólo existen los hombres. En el capítulo final del diálogo sobre la creación del mundo, Platón regresa por segunda ocasión al descenso de las almas, del hombre a la mujer y de la mujer a los animales, ahí afirma:

> De los hombres que llegan al mundo, aquellos que fueron cobardes o llevaron vidas injustas, podría suponerse con razón, que han cambiado a la naturaleza femenina en la segunda generación. Y, esta es la razón por la cual, en aquel tiempo, los Dioses crearon en nosotros el deseo de la copulación, concibiendo en el hombre una sustancia animada y, en la mujer, otra.[29]

La división en dos sexos y el llamado a la reproducción sexual, la cual une al hombre a la mujer que encarna un alma malvada, aquí es —no la causa, pero— el resultado del error del hombre. En la fisiología y anatomía de ambos sexos que sigue Platón, subraya: "en los hombres, el órgano de generación deviene rebelde y dominante. Como un animal desobediente a la razón y, enloquecido por el aguijón de la lujuria, busca obtener el dominio absoluto". Sobre el órgano sexual femenino, sin embargo, dice: "[...] el animal en su interior desea procrear hijos". Solamente en el caso de las mujeres, no en el de los hombres, el deseo sexual sirve para la "procreación de los hijos".[30] Aquí, en la transmutación del hombre al animal, la mujer no parece ser necesariamente un eslabón intermedio. Por ello Platón dice, siguiendo su descripción sobre la generación de la mujer:

> Así fueron creadas las mujeres y el sexo femenino en general. Pero la raza de las aves fue creada a partir de hombres inocentes, de mente liviana quienes, aunque sus mentes estaban dirigidas al cielo, imaginaron, en su simplicidad, que la demostración

---

[29] *Timeo*, pp. 90-92.
[30] *Timeo*, pp. 90-92.

más clara de las cosas de arriba debía obtenerse a través de la vista; se remodelaron y transformaron en aves y les crecieron plumas en lugar de cabello. La raza de los animales salvajes pedestres, de nuevo, provenía de aquellos que no tenían filosofía en ninguno de sus pensamientos [...]. Y los más insensatos, que arrastran sus cuerpos completamente sobre el suelo y desde hace mucho no tienen necesidad alguna de pies, los hizo así para que se arrastraran sobre la tierra. La cuarta clase fueron los habitantes del agua, fueron creados a partir de los más insensatos e ignorantes de todos, que los transformistas ya no consideraron dignos de una respiración pura, porque poseían un alma impura debido a toda suerte de transgresiones [...]; así surgió la raza de los peces, ostras y otros animales acuáticos, que han recibido las habitaciones más remotas como castigo a su extrema ignorancia. De esta manera, todos los animales, entonces y ahora, se convierten unos en otros y se transforman según la pérdida o adquisición de inteligencia o demencia.[31]

En esta exposición de la doctrina de la transmutación, la situación parece ser que, reencarnar como una mujer es el castigo a la frivolidad e inmoralidad; renacer como un animal, sin embargo, es el castigo para la estupidez y demencia.

b) *La República.* Estas reflexiones de Platón sobre la identidad o afinidad de la mujer al principio del Mal parecen incompatibles con el lugar que le otorga en el Estado ideal de la "República". Dentro del orden al que pertenece la clase dominante de los guerreros y filósofos, las mujeres son representadas fundamentalmente como equivalentes a los hombres; ellas tienen las mismas funciones que ellos, en particular respecto al servicio militar. Pero esta igualdad de las mujeres no descansa sobre el reconocimiento, por parte de Platón, de una valoración igualitaria del sexo femenino. Por el contrario, se basa en ignorar a la mujer como tal. No reconoce, más aún, le niega cualquier peculiaridad sexual. Para él no existe la percepción de ninguna diferencia. Esto se ve con suficiente claridad cuando Platón propone se-

---

[31] *Timeo*, pp. 44, 90-92.

riamente: "mirar a las mujeres desnudas en la palestra, ejercitándose con los hombres". Considera esto como una justificación suficiente que debería aplicar: "no sólo las jóvenes sino también a las más ancianas, ellas no serán ciertamente una visión de la belleza, como esos viejos que se ejercitan en los gimnasios cuando están ya arrugados y gustan de la gimnasia aunque presenten un aspecto desagradable".[32]

La misma indiferencia hacia la mujer es observada en el argumento por medio del cual defiende la igualdad de la mujer contra ciertas objeciones. Así, si los hombres de la clase dominante podrían ser "guardianes del rebaño" –esta es la función esencial de los perros guardianes– no hay razón evidente por la que las mujeres no podrían interpretar el mismo papel ya que: "¿Los perros están divididos en 'ellos' y 'ellas' o ambos comparten por igual la caza, vigilancia y demás deberes? ¿Confiamos a los machos el cuidado total y exclusivo de los rebaños, mientras dejamos a las hembras en casa, bajo la idea de que la crianza y amamantamiento de sus crías es trabajo suficiente para ellas?".[33]

Cuando Platón niega decisivamente esta cuestión y explica que sólo es necesario tomar en consideración la constitución débil de las mujeres, entonces la idea decisiva es: incluso en el caso de las mujeres, la procreación y crianza de los jóvenes, no constituye una diferencia fundamental. En la actitud sobre el lugar de la mujer en la estructura social, la esencial diferencia sexual merece tan poca consideración que la distinción entre los hombres y las mujeres, no es otra cosa que la diferencia existente entre los hombres calvos y peludos.[34] Queda claro que la institución de la igualdad entre mujeres y niños, la cual prescribe Platón para la clase dominante en su Estado ideal, es un fragmento de doctrina que no debió surgir de una relación profunda de amor hacia una mujer, ni de una experiencia de participación íntima en un matrimonio y vida familiar que hubiera permitido un

---

[32] *República* v, 3, p. 452; *Cfr.*, también, Lagerborg, *op. cit.*, pp. 13-14.

[33] *República* v, 3, p. 451.

[34] *República* v, 4/5, p. 454.

contrapeso. Pero una indicación aún más clara que las instituciones abstractas del Estado platónico ideal, se haya en un detalle que se cuela en su descripción de la igualdad de los niños.

Cuando alguien propone que "las esposas e hijos de nuestros guardianes deberían ser iguales". Estos jóvenes, después de nacer, deberían ser adoptados por las autoridades estatales: ¿qué objeción podría esperarse si se presupone un sentimiento maternal no menor al que se puede observar entre el resto de los animales? ¡Que las madres no entregasen a sus hijos a las autoridades estatales hasta al menos haberlos amamantado! El político, quien no permitirá que este llamado primitivo sea haga efectivo, debería ante todo cuidar que las madres no conozcan a sus propios hijos. Sin embargo, Platón considera que solamente es necesario exigir que: "[…] ningún padre deba conocer a su propio hijo, ningún hijo a su padre".[35] Sobre la madre, ni una palabra. El hombre, quien guarda silencio sobre ella, aquí muestra que la naturaleza le ha negado todo conocimiento de la maternidad y con ello la comprensión de una de las fuerzas más poderosas en la vida social. En consecuencia, Platón en su "República" no considera que las relaciones entre hombres y mujeres sean diferentes de aquellas entre los machos y hembras. En relación con las mujeres adopta la misma actitud que el criador con los animales. También en sus "Leyes", aunque abandona la noción de igualdad en las mujeres y restablece la institución del matrimonio; sitúa esta institución bajo el control estatal el cual violentaría cada sentimiento normal.

c) *El mito del "Político"*. Su relación más íntima con este problema, como con muchos otros, es desvelada sin embargo en el mito. En el "Timeo" –referido previamente– debe llamarnos la atención que, en la especie humana que emergió de la primera encarnación de las almas, no puede haber ninguna propagación sexual, dado que esta especie está compuesta únicamente por hombres. En el gran mito del "Político", sin embargo, el cual describe también una cosmogonía, la propagación sexual se encuentra excluida expresamente durante la

---

[35] *República* v, 7, p. 457.

Edad de Oro, las necesidades de los hombres están saciadas ampliamente sin ninguna cooperación de su parte. Este periodo corresponde aproximadamente al de la humanidad masculina del "Timeo". En lugar de la propagación sexual una opción más extravagante es provista. Se cuenta[36]que el mundo alguna vez estuvo bajo la conducción de Dios, después bajo sus propias fuerzas cuando Dios quitó su mano del timón y dejó al mundo a su suerte. El movimiento por completo, bajo la guía de la mano divina, conduce al Bien, el otro al Mal. Si el Mal se acrecienta hasta el extremo, Dios retoma el mando y conduce el mundo hacia la dirección opuesta. La inversión del movimiento significa una inversión completa de todas las relaciones. La propagación sexual entre ellas interpreta el papel más importante. Aquí, el problema es abordado de manera detallada y permanece en el centro de todo el mito. Cabe destacar que la generación sexual ocurre en el periodo del Mal, cuando las cosas se mueven por sí mismas y todo "sigue sus propios impulsos". De esta forma, los hombres durante este periodo "por medio de sus propias fuerzas y a través de la influencia de las mismas" –las cuales son fuerzas del Mal, dirigidas al Mal– "procrean y nutren"[37] de la misma forma en que ellos deben cuidar sus otros intereses por sus propios esfuerzos y potencias. Puesto que la inversión ocasionada por la recuperación del control por parte de Dios representa una inversión del Mal al Bien y, por lo tanto, un vuelco completo de todas las relaciones abandonadas previamente por Dios y dejadas a disposición del Mal en un mundo abandonado a los hombres, no puede haber una generación sexual bajo la guía divina. Los hombres no nacen como consecuencia del acto sexual, ni salen como niños del vientre de sus madres para envejecer gradualmente, morir y ser sepultados en la tierra. Ocurre exactamente lo opuesto, de la tierra emergen hombres canosos quienes devienen gradualmente jóvenes y, finalmente, descienden a la tierra como semillas. Con la regresión de los adultos al estado de

---

[36] *Político* XIII, p. 269 y ss.

[37] *Político* XVI, p. 274.

infancia se asocia la idea de que: "sigue el regreso de los muertos a la vida, quienes yacen en la tierra; simultáneamente, con la inversión del mundo la rueda de su forma y creación se ha vuelto a girar, ellos son colocados juntos y revividos en sentido opuesto".[38] Aparece aquí entonces una resurrección de los muertos; además del génesis original de la tierra. Ambos sustituyen la propagación sexual a través de la cual la humanidad ha engendrado a los unos de los otros. No se afirma que en el mítico paraíso del "Político" no hubiera mujeres, sin embargo, es evidente que aquí eran superfluas: la propagación tenía lugar sin ellas.[39]

5. El Eros amante de la juventud

Que Platón no sólo no comprendía las peculiaridades sexuales de las mujeres, sino que también su amor debió haber sido completamente ajeno a él, puede deducirse del hecho de que, quien habla tanto sobre el amor, quien le confiere un lugar prominente no sólo en la vida del individuo sino también en el conjunto del universo, tuvo en mente, siempre y exclusivamente, el amor a la juventud. Aquel Eros de Platón no es lo que hoy llamamos amistad, este se encuentra inclusive en el plano espiritual más alto, algo que posee una base sexual más explícita, es el Eros sexual, sin duda alguna, el cual interpreta un

---

[38] *Político* XV, p. 271.

[39] Que la propagación sexual comienza únicamente con el comienzo de la segunda época del Mundo, es una antigua doctrina iraní. Además, el mito del "Político" muestra otros elementos que, probablemente, indican el efecto de las antiguas religiones persas en Platón. *Cfr.* R. Reizenstein, *Platon und Zarathustra*, Vorträge der Bibliothek Warburg 1924/1925, tomo 4, 1924/1925, p. 32 y ss. De esta influencia se explican ciertos paralelos sorprendentes que existen entre el mito platónico y la doctrina judeocristiana de un reino mesiánico, una era de Justicia que seguirá a un periodo satánico de maldad. *Cfr.*, especialmente, Mateo XXII, 30: "En la resurrección (de los muertos) las personas no se casan ni están casadas, ellas son como ángeles de Dios en el cielo" y en Mateo XIX, pp. 10-12: Los discípulos le dijeron: "Si esa es la posición de un hombre con su mujer, mejor no casarse". Él les dijo: "Es cierto, pero esta verdad no es practicable para todos, sino solo para los que tienen el don. Existen eunucos que lo han sido desde su nacimiento, eunucos que lo han sido por los hombres y eunucos que se han hecho a sí mismos eunucos por el bien del Reino del Cielo. Dejad a cada uno que lo practique para quien le sea practicable".

papel estelar en su vida y doctrinas.[40] En ninguna otra parte está tan claro, este es el mensaje de sus diálogos.

a) *Cármides y Lisis*. Por experiencia propia, solamente Platón podría brindar una descripción realista en "Cármides" del sentimiento que se apoderó de Sócrates al apreciar la belleza de la juventud. La escena que precede a la aparición de Cármides está cargada de erotismo. En tanto excelente dramaturgo, Platón envía primero a escena una multitud de amantes del joven. Cuando el bien amado llega cada uno trata de hacer espacio para él a su lado. Platón hace decir a Sócrates, al Sócrates adulto, que entre los jóvenes enamorados:

> Se produjo un gran júbilo cuando cada uno empujaba presuroso al vecino para que él se sentase a su vera. Y al final, de los que estaban en los extremos, el uno tuvo que levantarse y al otro le hicimos caer de costado. Entonces ocurrió, querido amigo, que me encontré sin salida, tambaleándose mi antiguo aplomo; ese aplomo que, en otra ocasión, me habría llevado a hacerle hablar fácilmente. Cuando Crítias le dijo que yo era la persona que tenía la cura, me miró de una manera tan indescriptible e iba a formular una pregunta. En ese momento toda la gente de la palestra se arremolinó a nuestro alrededor y, ¡oh, raro!, eché una mirada al interior de su túnica y me sentí ardoroso. Después, no pude contenerme más. Pensé, qué tan bien Cidias comprendía la naturaleza del amor cuando, al hablar justo sobre la juventud, advierte de "no llevar al cervatillo a la vista del león para ser devorado por él"; pues sentí que había sido invadido por una suerte de apetito de bestia salvaje.[41]

La sensualidad es también el núcleo de la amistad que constituye el tema de "Lisis".[42] Esta amistad es el Eros del "Banquete" y el

---

[40] Para esto, *cfr.*, Bethe: Die dorische Knabenliebe, ihre Ethik und ihre Idee. Rheinisches Museum. Neue Folge, vol. 62, 1907, p. 348 y ss.

[41] *Cármides* 4, p. 155.

[42] P. Friedländer, Platon II (Die platonische Schriften), 1930, p. 102, observa en este diálogo que muestra al *Eros* "filosófico" a la "altura de los primeros trabajos de Platón. Detrás de la *Philia* de este diálogo se esconde realmente el *Eros* –"cuando

"Fedro", es la παιδεραστία, en su particularidad tan dolorosa y arrebatadora para Platón.

La pasión de Hipotales por Lisis, la cual constituye el punto de partida del diálogo sobre la amistad que lleva el nombre del bello joven, es descrita de forma inequívoca como sexual. De acuerdo con los síntomas descritos por Platón, el joven, normalmente dispuesto, debe forzarse a sí mismo para no ver una doncella en el objeto de amor de Hipotales. El estado del joven muestra los signos típicos de excitación sexual: rubor y ardor tímido, deseos de proteger al objeto anhelado, incapacidad para verlo de otra forma que no sea color de rosa, etc.[43] La relación del amado sexualmente por Hipotales es contrastada claramente con la asociación desinteresada entre Lisis y Menexenes como verdadera amistad, mientras que lo de Hipotales es denominado "verdadero amor". Y, con esto, Platón hace decir francamente a Sócrates: "el amante, quien es honesto y no falso, debe ser necesariamente amado por su amor". Después de esta observación de Sócrates: "Lisis y Menexenes asintieron débilmente a esto; e Hipotales adquirió toda clase de colores con deleite".[44]

b) *Fedro.* En el "Banquete" los participantes se proponen glorificar el amor a la juventud. Platón volvería definitivamente a este tema en el "Fedro". Con mayor claridad que en cualquier otro diálogo, en el segundo de estos ensayos sobre el amor brilla el componente sexual del Eros platónico. Se declara a sí mismo como el elemento esencial, la base fundamental o medio de cultivo del que emerge el Eros espiritualizado. La descripción apasionada de los sentimientos eróticos percibidos ante la vista de un bello mancebo es uno de los poemas de amor más sublimes, empapado de sensualidad y belleza artística, es un sobresaliente relato del anhelo sexual. El Eros, que

---

estas amistades se vuelven excesivas, lo llamamos exceso de amor, se dice en las "Leyes" (837)– se delata desde el inicio. Desde las primeras palabras la atmósfera de παιδικὸς, ερως es perceptible [...]".

[43] *Lisis* 1, 2, pp. 203-207.

[44] *Lisis* 17, p. 222. W. R. M. Lamb (The Loeb Classical Library) traduce: "Entonces el genuino, no el pretendido, amante tiene que hacerse amigo de su predilecto.

despierta frente a la vista de un bello muchacho, es interpretado como una reminiscencia de la visión de la belleza absoluta del más allá a la que el alma alada fue expuesta antes de su nacimiento. La belleza del cuerpo de un joven es la reflexión de la belleza eterna. Por esta razón: "al principio, un escalofrío recorre al amante y, de nuevo, el antiguo amor se apodera de él; […] luego, mientras contempla al amado, se produce una suerte de reacción, y el estremecimiento se convierte en un calor y transpiración inusuales porque al recibir el efluvio de la belleza a través de la vista, el ala humedece y calienta".

Gracias al amor a un bello joven, el alma del hombre comienza de nuevo a desarrollar alas.

> A medida en que se calientan las partes de las que el ala brotó y que, hasta entonces, habían estado cerradas y rígidas para impedir que saliera disparada, se derriten. Tan luego como el alimento fluye, el extremo inferior del ala comienza a hincharse para crecer desde la raíz; el crecimiento se propaga a toda el alma que alguna vez estuvo completamente alada.

Luego, es descrita la alternancia del placer a la angustia producida por el amor:

> Por la mezcla de los dos sentimientos, el alma es oprimida ante la extrañeza de su condición, se encuentra en un gran apuro y excitación y, en su locura, no puede dormir de noche ni permanecer en su lugar durante el día. Donde quiera que piense que contemplará al que lleva consigo la belleza, ahí corre su deseo. Cuando lo ha visto, y se ha bañado en las aguas del deseo, su restricción se pierde, se refresca, no tiene más punzadas ni dolores; este es el más dulce de los placeres en aquel momento y la razón por la que el alma del amante nunca abandonará al que lleva consigo la belleza, al que estima por encima de todo. Ha olvidado a su madre, hermanos y compañeros, no piensa más que en el abandono y pérdida de su propiedad. Ahora desprecia las reglas y cualidades de la existencia de las que antes estaba orgulloso y se presta a dormir donde le sea permitido, como si fuera un esclavo,

tan cerca del ser amado, que es objeto de su adoración, y único médico que puede aliviar la inmensidad de su dolor.

Con esto, Platón cita un verso de los "escritos apócrifos de Homero" el cual dice: "Los mortales lo llaman (a Eros) amor que aletea, pero los inmortales lo denominan 'El Alado' (Pteros) porque el crecimiento de alas es una necesidad [πτεροΦύτωρ ἀνάγκη] para él".[45] "Pteros" es un juego de palabras de Eros, la última parte, tomada literalmente, podría tener una connotación obscena. No es improbable que el dudoso verso pertenezca a Platón y, en realidad, se le haya dado la apariencia de ser citado.[46] Ciertamente, en "Fedro" –como en otras partes donde Platón habla sobre el amor– se mantiene la condición de renunciar a la gratificación sexual. Pero no sólo se trata de una descripción del objeto erótico que alcanza el límite mismo de la obscenidad; casi también del sustituto de la gratificación a la que se renuncia. La descripción de Platón deviene a través de la interpolación de elementos inhibidores en una descripción exquisitamente desencarnada de los placeres sexuales que superan todos los obstáculos hasta casi alcanzar la meta deseada. La lucha entre los sentimientos morales y los deseos sexuales es descrita con una viveza que sólo podría provenir de su propia experiencia. El alma es comparada con una cuadrilla de corceles, uno bueno y otro malvado, que simbolizan la razón guiada por la moral, así como los deseos que impulsan hacia la inmoralidad.

> El auriga, viendo el semblante amado, siente un calor que recorre toda el alma, llenándose del cosquilleo de aguijones del deseo. Aquel caballo que le es dócil, dominado entonces, como siempre, por el pundonor, se contiene a sí mismo para no saltar sobre el amado. Pero el otro, sin tener en cuenta los pinchazos

---

[45] *Fedro* XXXI, pp. 251-255.

[46] *Cfr.* las notas de Ritter a la traducción del "Fedro" en: Philsophische Bibliothek, tomo 152, 2a ed., 1922, p. 129. De acuerdo con Ritter, Platón usa el término πτεροΦύτωρ ἀνάγκη sólo para describir "el poder del amor que inspira a los hombres a elevarse al reino trascendental".

y golpes del látigo, se lanza y corre, dando toda clase de problemas a su compañero de tiro y auriga, y les fuerza a ir hacia el amado y traerle a la memoria los goces de Afrodita. Al principio se oponen con indignación y no quieren ser constreñidos a realizar actos terribles e ilícitos. Pero, al final, cuando persiste en atormentarlos, ceden a lo que se les ordena.

Cuando al fin, el corcel es vencido, el cuadriguero logra someterlos:

> [...] de vergüenza y pasmo rompe a sudar empapando toda el alma; el otro [...] se pone a injuriar con furia dirigiendo toda clase de improperios contra el auriga y pareja de tiro por su falta de coraje y hombría, acusándolos de haber faltado a su acuerdo y culpándolos de deserción. De nuevo se niega, y de nuevo los constriñe a seguir adelante; con penas se rendirá y suplicará dejarlo para otra ocasión. Cuando la hora se aproxima, los otros hacen como si no recordaran, pero él se los recuerda, luchando, relinchando y arrastrándolos hasta que, con la misma intención, al final los obliga a acercarse de nuevo. Y cuando están cerca, agacha la cabeza, levanta la cola, toma el bocado con sus dientes y tira descaradamente.

Pero de nuevo el auriga consigue frenar al corcel malvado, de tal suerte que está "a punto de morir de miedo" cuando divisa al bello joven. Sin embargo, esta victoria del auriga y su noble corcel no es la batalla final. Sólo hasta ahora se describe la manera en que el bello mancebo es afectado por Eros. El amante y el amado han estado asociados mutuamente durante mucho tiempo cuando:

> [...] este sentimiento continúa, está más cerca de él y lo abraza durante los ejercicios gimnásticos u otras reuniones, entonces la fuente de ese arroyo, que Zeus llamaba deseo cuando estaba enamorado de Ganimedes, se desborda sobre el amante, una parte entra en su alma y otra, cuando es colmada, fluye de nuevo. Como una brisa o un eco rebota sobre las rocas lisas y regresa por donde vino, de esta forma la corriente de la belleza, pasando

por los ojos que son la ventana del alma, vuelve al bello muchacho; llegando y acelerando los pasajes de las alas, regándolas e incitándolas a crecer y llenando el alma del amado también con amor. De esta forma ama, pero no sabe por qué. No comprende y no puede explicar su propio estado. Parece haber contraído la aflicción de la ceguera de otro. El amante es su espejo en el cual se contempla, pero no es consciente de esto. Cuando se encuentra con el amante, ambos cesan su dolor, pero cuando se encuentra lejos entonces anhela como es anhelado. Posee la imagen del amor, el amor por el amor (Anteros) mismo se aloja en su pecho al que llama y cree no ser amor sino únicamente amistad y su deseo es el deseo de otro, pero más débil. Desea verlo, tocarlo, besarlo y abrazarlo y probablemente no mucho después su deseo se cumpla. Cuando se encuentran, el corcel libertino del amante, tiene una palabra que decir al auriga, quisiera tener un poco de placer a cambio de tantas penas pero el corcel libertino del amado no dice ni una palabra porque está desbordado de una pasión que no comprende. Rodea con sus brazos al amante y lo abraza como a su amigo más querido. Cuando se encuentran uno al lado del otro, está en un estado en que no puede negar nada al amante si se lo pide; aunque su compañero de tiro y auriga se oponga con argumentos de vergüenza y razón.

Platón no concluye su descripción de esta lucha —en la que aquellos ratones de biblioteca, completamente ajenos a la vida o fanáticos, no pueden ver algo más que el conflicto sobre la satisfacción del impulso sexual— con la victoria exclusiva del corcel bueno. También tenía en mente que:

> después de una bacanal o alguna otra hora de descuido, los dos animales desenfadados toman las dos almas cuando su guardia está fuera y las juntan, logran este deseo de sus corazones que, para muchos, es la dicha. Habiendo hecho esto, continúan disfrutando, pero esporádicamente porque no cuentan con la aprobación del alma en su conjunto.[47]

---

[47] *Fedro* xxxiv, pp. 254-256.

Es el mismo Eros que superada la sensualidad, "habiendo conquistado una de las tres victorias celestiales o verdaderamente olímpicas" gana todas las bendiciones que "la disciplina humana o inspiración divina (pueden) conferir" y que "realiza ese deseo que para muchos es la dicha".

c) *La República.* Inclusive en la "República" que no tiene como tema principal un tópico erótico como "Lisis", el "Banquete" o "Fedro", se revela claramente –cuando Platón habla sobre esto– un amor a la juventud, que sólo suprime su aspecto sensual con esfuerzo. En una discusión sobre las reglas, cuyo propósito es aumentar la gallardía de los guerreros en el Estado ideal, Platón –a través de la boca de Sócrates– sugiere: "El héroe que se haya distinguido a sí mismo debería recibir honores en el ejército por parte de sus jóvenes camaradas: cada uno de ellos, en sucesión, lo coronará". Que este ejército del Estado ideal estuviese constituido, tanto por mujeres como por hombres, parece olvidarse aquí. Sócrates continúa, tras una expresión afirmativa de Glaucón: "además será honrado recibiendo la mano derecha del camarada". A lo que Glaucón responde: "estoy de acuerdo también con eso". "Sócrates: Pero difícilmente estarás de acuerdo con mi siguiente propuesta". Lo que se entiende en broma, porque Glaucón se caracteriza por ser un "hombre bromista".[48]

> "Glaucón: ¿Cuál es tu propuesta?". "Sócrates: Que debería besar y ser besado por ellos". "Glaucón: ¡Ciertamente! Y estaría dispuesto a ir más allá al afirmar: Que nadie a quien tenga intención de besar se niegue a ser besado mientras dure la expedición. De tal suerte que si hay un amante en el ejército, sea su amor un joven o una doncella, se encuentre más deseoso de ganar el premio al valor".[49]

Obsérvese con qué fastidio entra este "o una doncella", después de que lo único de lo que se había hablado era un apretón de manos y un beso entre jóvenes. Por tal motivo, no puede atribuirse un signi-

---

[48] *República* v, 19, p. 474.

[49] *República* v, 14, p. 468.

ficado particular a la circunstancia que Sócrates, estando de acuerdo con Glaucón, explica que "el valiente ha de tener más esposas que los otros". Y, en consecuencia, plantea la consideración de tener una buena progenie. Que el Eros platónico no es más que un amor homosexual, queda demostrado por la manera en que Platón interpreta el término "filósofo" en su tesis principal: el filósofo debe gobernar el Estado. La palabra φιλοσοφία quiere decir amor al conocimiento, pero este amor es presentado por Platón como el amor a la juventud, como la única forma de amor. Sócrates busca demostrar que el filósofo está henchido de un deseo por la totalidad de la sabiduría, no sólo una parte, y declara que, cuando decimos de una persona que ama algo (φιλεῖν), ello quiere decir que no sólo ama una cualidad de lo amado, sino que lo ha acogido por completo en su corazón. Cuando Glaucón desea una mayor explicación, Sócrates ilustra su afirmación no recordando cómo un joven devoto acoge a una mujer por completo, con sus defectos y virtudes, en su corazón, sino que:

> todos los que están en la flor de su juventud suscitan, de algún modo, una punzada en el corazón del amado, y son considerados dignos de su afecto. ¿No es este el camino que sigues con lo bello? Uno tiene la nariz respingona y alabas su rostro encantador, la nariz aguileña de otro tiene, dices, un aspecto real; mientras que quien no es ni respingón ni aguileño posee la gracia de la regularidad. El rostro oscuro es varonil, los justos son hijos de los Dioses, el dulce ha sido llamado "miel pálida". ¿Qué es el nombre sino la invención de un amante que habla en diminutivos? ¿No es reacio a la palidez si aparece sobre la mejilla de la juventud? En una palabra, no hay excusa que no pongas y nada que no dirías para no perder ni una sola flor que florezca en la primavera de la juventud.[50]

En el tercer libro, la conversación es sobre el "verdadero amor". Cuando Platón hace a Sócrates preguntarse si este amor "verdadero" tiene que estar libre de todo placer sensual, podría creerse, al inicio,

---

[50] *República* v, 19, p. 474.

que también tiene en mente el amor existente entre un hombre y una mujer. "No tendría jamás que permitirse a la locura desenfrenada o placer intemperado acercarse al amante y su amado; ninguno puede tener parte en ello si su amor es de la clase correcta".[51]

Evidentemente, aquí, Platón tiene en mente el amor a la juventud. En consecuencia, continúa sugiriendo que en el Estado ideal se introduzca la siguiente regulación:

> Un amigo, no debería emplear otra familiaridad hacia su amor que la empleada por el padre hacia su hijo, únicamente con un propósito noble y antes debería tener el consentimiento del otro. Esta regla está hecha para limitarlo en todas sus relaciones y nunca debería ser visto yendo más allá. Si se excede, tiene que ser considerado culpable de grosería y mal gusto.[52]

De hecho, sólo es el amor homosexual del que Platón exige la abstención de la gratificación instintiva. De la relación entre ambos sexos –que para él no puede ser un verdadero amor– estaría lejos de exigir tal restricción. Inclusive permite las relaciones sexuales normales, aunque cuidadosamente reguladas por el derecho, con el propósito de repoblar su Estado ideal. "Amor platónico" –si no quiere malinterpretarse de manera grosera a Platón– sólo es, en realidad, amor a la juventud.[53]

6. La pederastia en Grecia

a) *La cultura dórica.* Platón estuvo constreñido a sublimar su *Eros* principalmente porque estaba en conflicto con las reglas morales y jurídicas de la sociedad ateniense de su época. La creencia generalizada de que la pederastia era una práctica bastante extendida en el mundo de la antigüedad y, por lo tanto, que no era repudiada moralmente como sí acontecía en la cultura cristiana es completamente

---

[51] *República* III, p. 403.

[52] *República* III, p. 403.

[53] *Cfr.* Lagerborg, *op. cit., passim.*

incorrecta. Solamente en el caso del así llamado Estado dórico puede demostrarse que las prácticas homosexuales, así como los vínculos amorosos entre hombres maduros y jóvenes, se encontraban abiertamente reconocidos. Sin embargo, la pederastia fue un fenómeno social restringido relativamente a unos cuantos, a la elite de los nobles. Se le reconoce como un uso o abuso castrense, surgido probablemente de la función militar de esta clase, de sus expediciones constantes en el campo de batalla y una vida prolongada de campamento que mantenía a los hombres alejados de las mujeres demasiado tiempo y los inducía a la satisfacción mutua de sus deseos sexuales. Pero aún en los círculos dóricos, a pesar de este franco reconocimiento o patrocinio religioso, la pederastia no dejó de ser una institución desagradable.[54]

Hasta al propio Licurgo se remonta una ley que castigaba el amor sexual a los jóvenes con la muerte o el destierro político.[55] Se cuenta sobre el rey espartano Agesilao, cuyos sentimientos y comportamiento como subraya Theodor Gomperz "podrían considerarse típicos de la mejor sociedad de su país",[56] que se había protegido apasionada-

---

[54] *Cfr.* Bethe, *op. cit.*, p. 446.

[55] Jenofonte: Über den lakonischen Staat, II, p. 13. *Cfr.* Symonds: Die Homosexualität in Griechenland, en Havelock Ellis y J. A. Symonds: Das konträre Geschlechtsempfinden (Bibliothek für Sozialwissenschaft, Editado por Hans Kurella, tomo 7, 1896, p. 54.

John Addington Symonds: *A Problem in Greek Ethics, being an Inquiry into the Phenomenon of Sexual Inversion*, Londres, 1901, p. 14. Jenofonte, Constitution of the Lacedaemonians (traducido por E. C. Marchant. The Loeb Classical Library) II, 12-13: "Creo que debo decir algo, también, sobre la intimidad con los chicos porque este asunto también tiene que ver con la educación. En otras polis griegas, por ejemplo, entre los beocios, hombres y jóvenes viven juntos como si estuvieran casados. En otro lugar, entre los eleos, por ejemplo, el consentimiento se gana por medio de favores. Algunos, en cambio, prohíben a los pretendientes hablar con los jóvenes. A todo esto se oponen las costumbres instituidas por Licurgo. Si alguien, siendo él mismo un hombre honesto, admiraba el alma de un muchacho, trataba de hacerlo un amigo ideal, sin reproches, y asociarse con él, lo aprobaba y creía en la excelencia de este tipo de formación. Empero, si estaba claro que la atracción residía en la belleza exterior, prohibía la relación en tanto abominación y la purgaba de toda impureza de modo que en Lacedemonia se asemejaba al amor paternal y fraternal".

[56] Theodor Gomperz: Greek Thinkers, 1905, vol. II, p. 381. Gomperz toma el men-

mente a sí mismo contra las vivas inclinaciones que sentía. Jenofonte[57] refiere sobre él: ni por todo el oro del mundo sucumbiría a esa lucha. Ya había salido victorioso una vez, cuando se negó a besar a un chico que le encantó por su belleza. [El control habitual de sus afecciones seguramente merece un tributo o admiración [...] amaba a Megabates, el atractivo hijo de Espitridates, con toda la intensidad de una naturaleza candorosa. Era costumbre entre los persas dar un beso a quienes honran. Sin embargo, cuando Megabates trataba de besarlo, Agesilao resistía sus escaramuzas con todas sus fuerzas —seguramente un acto de puntillosa moderación—. Megabates, sintiéndose despreciado trató de no besarlo más. Agesilao se aproximó a uno de sus compañeros para pedirle que persuadiera a Megabates de mostrarle su honor una vez más. ¿Lo besarías, preguntó su compañero, si Megabates cediera? Tras un largo silencio Agesilao dio su respuesta: ¡Por los Dioses gemelos! ¡No! ¡Ni aunque yo fuera inmediatamente el hombre más bello, fuerte y veloz sobre la Tierra! Juro, por todos los Dioses que preferiría librar aquella misma batalla una y otra vez que ver todo convertido en oro]. De esto, lo menos que puede colegirse es que la actitud social hacia la pederastia era también ambivalente en Esparta. Nos vemos reducidos a meras conjeturas sobre las razones que pudieron permitir a los legisladores adoptar una actitud indulgente o inclusive positiva hacia ciertas costumbres homosexuales. Un aumento elevado de la clase aristocrática organizada en relación con una restrictiva tenencia de la propiedad no era el interés político del Estado. La sobrepoblación además era una fuente constante de peligro para las pequeñas polis griegas,[58] razón por la cual las medidas en contra no eran una rareza. Desde esta perspectiva

---

cionado caso de Agesilao como prueba de las "fuerzas opuestas" por medio de las cuales el amor griego era "a menudo frenado y mantenido a raya".

[57] Jenofonte, Agesilao, v, 4-5.

[58] Theodor Gomperz, *op. cit.*, p. 402: Para las pequeñas y estrechas polis de Grecia, la superpoblación era un peligro constante. Con los relativamente escasos recursos económicos y métodos primitivos, el peligro de empobrecimiento era muy grande, sobre todo para la clase dirigente, cuyos ingresos procedían exclusivamente de la propiedad de la tierra, que era incapaz de multiplicarse.

debemos juzgar la muy conocida costumbre espartana, de abandonar a los niños débiles o lisiados. Aristóteles, expresa directamente la opinión de que, en Creta la pederastia fue introducida para lidiar con la sobrepoblación.[59]

b) *Las relaciones entre la religión, arte y pederastia.* A parte de la cultura dórica, en las culturas jónicas y atenienses en particular no existía ciertamente una persistente pederastia. La religión griega,[60] con Zeus y sus excesivos hábitos heterosexuales, y Afrodita quien incorporaba el amor entre el hombre y la mujer, fue una verdadera apoteosis de los instintos sexuales normales. El matrimonio entre Zeus y Hera yace en el centro de la vida olímpica.[61] Desposarse y tener hijos eran consideradas instituciones sagradas entre los griegos, así como los deberes patrióticos más esenciales. Sobre la actitud promedio hacia el amor a la juventud, nada es más revelador que el mito que remonta la pederastia hasta Layo, el padre de Edipo. Layo quería seducir al bello Crisipo. El mito interpreta la maldición que recae sobre la casa de los Labdákidas como la venganza de Hera, protectora del matrimonio y, consecuentemente, como un castigo para un acto considerado obviamente como un vicio antinatural.[62] En los poemas homéricos no existe vestigio de esto. Aquí los matrimonios de Héctor con Andrómaca y Odiseo con Penélope brillan como un ideal indiscutible. El amor de Menelao por Helena pone en marcha toda la cadena de eventos heroicos.[63] También en las grandes

---

[59] Aristóteles, *Política*, II, 10; 1272a, p. 23.

[60] *Cfr.* Symonds, *op. cit.*, p. 118. (Symonds, *A Problem*, p. 65).

[61] Es posible que el mito de Ganímedes haya experimentado una interpretación homosexual relativamente tardía bajo la influencia de las costumbres dóricas. Tales interpretaciones también debieron ajustarse a ciertas amistades históricas como la de Aquiles y Patroclo. *Cfr.* Symonds, *op. cit.*, p. 43. (Symonds, *A Problem*, p. 1 y ss, 5 y ss).

[62] *Cfr.* Symonds, *op. cit.*, p. 42. W. Kroll: Freundschaft und Knabenliebe (Tusculum-Schriften, cuaderno IV). Munich, 1926, p. 27. (Symonds, *A Problem*, p. 5).

[63] *Cfr.* Leopold Schmidt, Die Ethik der alten Griechen, 1882, vol. II, p. 132 y ss. Schmidt dice, p. 175: "El pueblo griego siempre ha mirado al matrimonio como una institución de gran santidad y la relación entre el hombre y la mujer natural y muy íntima".

tragedias –cuando menos en las que se conservan para nosotros– no se observa nada en especial sobre la pederastia. Los dramas en los que Esquilo y Sófocles debieron tratar este problema (Esquilo en "Los Mirmidones") no han llegado hasta nosotros; no sabemos, por lo tanto, la manera en que se abordó el tema.[64] Sófocles pudo haberse inclinado personalmente por el amor a los jóvenes. Sin embargo, Eurípides –en este punto también de acuerdo con los Sofistas– condenó expresamente la pederastia.[65] En su "Crisipo" del que sólo nos queda un fragmento, relata el mito de Layo mencionado en líneas arriba. Se cuenta que lo escribió para condenar el vicio. Un fragmento conservado de la tragedia "Dictis" dice: "Era mi amigo. Nunca me llevará el amor a la locura ni a Cipria. A decir verdad, existe otra clase de

<hr>

[64] *Cfr.* Symonds, *op. cit.*, p. 77 y W. Kroll, *op. cit.*, p. 29. (Symonds, *A Problem*, p. 27).

[65] Ateneo, *Los Deipnosofistas*, XIII, pp. 603-604. (Fram. Hist. gr. II, 46, Müller.) Theodor Gomperz, *op. cit.*, p. 299, cita esto y la mencionada declaración de Agesilao como síntoma de las "fuertes contrafuerzas" por las que el amor griego era "restringido y mantenido a raya" como prueba de que la opinión pública estaba dirigida contra toda actividad sexual, incluso la más inocente.

Traducido por C.B. Gulick, The Loeb Classical Library, Ateneo, VI, p. 253 y ss: "A Sófocles le gustaban los jóvenes, como a Eurípides las mujeres. El poeta Ion […] escribe lo siguiente: "Conocí a Sófocles, el poeta de Quíos, cuando navegaba como general hacia Lesbos". A continuación, Ion relata cómo Sófocles atrajo hacia sí, mediante un artificio lúdico, a un muchacho a quien había dado de beber y le robó un beso. El pasaje tomado de Ion concluye con las siguientes palabras: "Muchas cosas de este tipo (Sófocles) acostumbraba a decir y hacer astutamente cuando bebía o hacía cualquier cosa. En asuntos cívicos, sin embargo, no era ni sabio ni eficiente, sino como cualquier otro individuo entre la mejor clase de los atenienses".

Después de esto, Ateneo escribe: "Jerónimo de Rodas dice en sus notas históricas que Sófocles atrajo a un chico guapo fuera de la muralla de la ciudad para acostarse con él. El chico extendió su propia capa sobre el césped, mientras se envolvían con la de Sófocles. Cuando el encuentro terminó, el chico se apoderó de la capa de Sófocles y se marchó con ella, dejando para Sófocles su capa de niño. Naturalmente, el incidente fue muy comentado. Cuando Eurípides se enteró del suceso, se burló diciendo que él mismo se había acostado con este chico sin pagar nada, mientras que Sófocles había sido tratado con desprecio por su libertinaje. Cuando Sófocles escuchó esto, le dirigió el siguiente epigrama que hace referencia al Sol y Viento de Norte, así como ligeramente a la práctica adúltera de Eurípides: Fue Helios y no un niño, Eurípides, quien con su calor me despojó de mi capa. Sin embargo, contigo yació Bóreas cuando abrazas la mujer de otro hombre. Así que no eres tan listo, porque al sembrar en campo ajeno, llevas a Eros a los tribunales, por ladrón".

amor; amor al alma, justo, temperado y bueno. Los hombres deberían haber hecho esta regla para que sólo amaran los templados y castos a fin de enviar a Cipria, hija de Zeus, a la mendicidad".[66] Esto no deja dudas sobre las opiniones del poeta. Otro aspecto por considerar es la relación amistosa, descrita en reiteradas ocasiones, entre Orestes y Pílades que no muestra ningún vestigio homosexual.[67] Parece especialmente obvia la actitud de rechazo de los atenienses hacia la pederastia en las comedias realistas, en particular aquellas de Aristófanes. Su actitud hacia este tema es particularmente sintomática para Atenas porque su poesía nos permite tomar en cuenta los gustos de la gran masa de los ciudadanos promedio, así como las consideraciones ético-políticas de la aristocracia reaccionaria. Aristófanes jamás se cansa de expresar su desprecio por los impulsos homosexuales de ciertos círculos y tampoco abandona su tono serio, el cual muestra claramente qué tan riesgosa considera la publicidad vinculada con dicha perversión de la vida sexual. De esta forma, en "Las Nubes", el Eros homosexual es tachado por el "Dikaios Logos" como inmoral y llamado el más grande daño que los jóvenes pueden experimentar.[68] En "Los Pájaros" Aristófanes también cataloga el amor a los jóvenes como un vicio y revela el riesgo al que según la extendida creencia popular, estos se encuentran expuestos.[69] Sólo las comedias, sin embargo, muestran qué tan prevalente debió haber sido la pederastia en ciertos círculos. Introducida de contrabando por la cultura dórica, todavía encontró una violenta oposición[70] en Atenas durante el siglo v, la cual estuvo apoyada principalmente por los Sofistas, tan apasionadamente combatidos por Platón.

c) *La actitud de los filósofos, en particular aquella de Jenofonte.* Un comentario en los textos de Pródico, que toma el reconocido tema

---

[66] Citado por Symonds, *op. cit.*, p. 71.

[67] *Cfr.* Symonds, *op. cit.*, p. 77. Symonds, *A Problem*, p. 29.

[68] Aristófanes, *Las nubes*, 975, pp. 1085-1086.

[69] Aristófanes, *Las nubes*, p. 137 y ss; *cfr.*, también, *Los caballeros*, p. 977, *Lisístrata*, p. 112.

[70] Bethe, *op. cit.*, p. 446; Kroll, *op. cit.*, p. 27.

"Hércules en la encrucijada", resulta especialmente característico de la actitud de esta filosofía. Aquí, la virtud dice del vicio: "¿Qué cosa buena es la tuya, pobre infeliz, o qué cosa agradable conoces, si no haces nada para ganarla? Ni siquiera te detienes por el deseo de las cosas agradables, sino que te llenas de todo antes de desearlo, comiendo antes de tener hambre, bebiendo antes de tener sed, [...]. Despiertas la lujuria con muchas artimañas, cuando no hay necesidad, usando a los hombres como a las mujeres: así entrenas a tus amigos, excitando la lujuria de noche, consumiendo en el sueño las mejores horas del día".[71] La virtud sólo podría hablar de esta forma si la pederastia se tuviese por lo general como vicio. Tal parece que uno de los más fieros oponentes de Platón que formaba parte de la Escuela Socrática, Antístenes, habló en contra del amor a los jóvenes.[72] Entre el círculo socrático, Jenofonte más que ningún otro –y obviamente, a pesar de una actitud amistosa hacia los espartanos– viró en contra de la pederastia. Debido a la incertidumbre que rodea su composición, se puede dudar que su "Banquete" fuera una réplica directa al diálogo homónimo de Platón, aunque es más que probable.[73] Sin embargo, lo que no se puede discutir es que el "Banquete" de Jenofonte posee la inconfundible tendencia a condenar el amor a los jóvenes y honrar el amor sexual marital. Sólo serán referidos algunos fragmentos de los muchos que muestran esto con claridad. Así, en un lugar se dice que del amor sexual de un hombre hacia un

---

[71] Jenofonte, Memorias, II, 1, pp. 21-34. La traducción de Nestle: Die Vorsokratiker, p. 197. Ya en el texto está la palabra ὑβρίζουσα, traducida por Nestle como "abusado" en lugar de "maltratado".

[72] Diógenes Laercio, VI, 18. *Cfr.* Heinrich Gomperz, Psychologische Attische Liebestheorien usw. Neue Jahrbücher für das klassische Altertum, vol. V, 1900, p. 29. Kroll, *op. cit.*, p. 28. Además, el artículo "Knabenliebe" en Pauly-Wissowa, *Realenzyklopädie der klassischen Altertumswissenschaft*, vol. XI, p. 197 y ss.

[73] También es hecha la misma interpretación por Brun, en particular, *op. cit.*, pp. 26-30. Él cree que el "Banquete" de Jenofonte es, sin duda, una polémica contra el "Banquete", de Platón. "Mientras Platón le otorga a la pederastia sensual un limitado soporte" –en el "Fedro"– Jenofonte la condena ampliamente". *Cfr.*, también, G. F. Rettig, Knabenliebe und Frauenliebe in Platons Symposion, *Philologos*, tomo XLI, 1882, p. 429. H. Graef, Ist Platons oder Xenophons Symposion das frühere? 1898, p. 40.

joven, este obtiene "sólo lo que llama al más profundo desprecio", lo anterior de cada variedad de amor, no sólo del comprado. Y, cuando alguien ha ganado a un joven a través de la súplica: "es una razón más fuerte para el desprecio".[74] El punto de vista de Jenofonte, el cual probablemente refleja el del grueso de la población de Atenas, se encuentra expresado claramente en la siguiente cita:

> Pero un joven no participa del placer del encuentro carnal como una mujer lo hace, sino que mira, sobrio, a otro en la embriaguez del amor. En consecuencia, no tiene por qué sorprender si se produce en él un desprecio por el amante. Si se examina el asunto, también ningún efecto enfermizo sería descubierto cuando las personas son amadas por su personalidad, sino que muchos resultados impactantes han venido del compañerismo perdido por la vergüenza.[75]

La conclusión del diálogo resulta especialmente característica. El siracusano y sus intérpretes se habían preparado, a sugerencia de Sócrates para dar a los espectadores: "la mayor cantidad posible de deleite al mirarlos".[76] Se trataba de una pantomima de Ariadna y Dionisio. Tras el espectáculo de hacer el amor, interpretado por los dos actores: "aquellos que no estaban casados –dice Jenofonte– juraron que tomarían esposas y aquellos que ya se encontraban casados montaron a caballo y cabalgaron hacia sus esposas para disfrutar de ellas".[77] Más aún, la filosofía postplatónica estuvo completamente en contra de la pederastia[78] y la tuvo como un vicio antinatural. Aristó-

---

[74] Jenofonte, *Banquete*, VIII, 19. *Cfr.*, también IV, 52; VIII, 10/11; VIII, 31, 32. Karl Steinhart en su Introducción a su traducción del Banquete platónico dice sobre Jenofonte: "tiene una evidente relación polémica con el Banquete de Platón, y su intención no es otra que la lucha contra el amor a la juventud". (Platons sämtlich Werke, traducción de Hieronymus Müller con una introducción de Steinhart, tomo IV, 1854, p. 268). Steinhart comparte el punto de vista de K. F. Hermann, en el sentido de que Jenofonte escribió su "Banquete" habiendo conocido el de Platón (*op. cit.*, p. 267).

[75] Jenofonte, *Banquete VIII*, pp. 21-22.

[76] *Ibidem, VII*, p. 2.

[77] *Ibidem*, IX, p. 7.

[78] *Cfr.* Kroll, *op. cit.*, p. 28; Symonds, *op. cit.*, p. 106. Symonds, *A Problem*, p. 55.

teles, el discípulo de Platón, quien habitó con él mientras compartían trabajo en común, dice en la "Ética Nicomáquea"[79] sobre la pederastia en relación con ciertas disposiciones patológicas: Me refiero a los Estados salvajes, como en el caso de las mujeres que –se dice– abren a otras féminas en cinta para devorar a sus infantes, o algunas tribus que han devenido salvajes alrededor del Mar Negro de las que se cuenta que se deleitan devorando carne humana fresca, prestando sus hijos a otros para que se den un festín como en la historia de Falaris.[80] Aquellos estados son salvajes, pero otros surgen como resultado de la enfermedad (o, en algunos casos, la locura, como en el caso del hombre que sacrifica y devora a su madre o el esclavo que comió el hígado de su compañero) y otros estados mórbidos son el resultado de la costumbre. Por ejemplo, el hábito de arrancarse los cabellos, roer las uñas o inclusive el carbón o tierra. Además de estos hábitos, se encuentra la pederastia. Estos nacen en algunos casos naturalmente y, en otros, como resultado de los que han sido víctimas de la lujuria desde la infancia.

d) *La tendencia antipederasta del derecho penal y moral.* El código penal ateniense contenía disposiciones cuya tendencia antipederástica es evidente. Así, la presencia de personas no autorizadas, es decir, mayores de cierta edad, en las escuelas de lucha masculina estaba prohibida bajo pena de muerte.[81] De acuerdo con el llamado νόμος ἑταιρήσεως, el joven que se dejaba utilizar para la pederastia a cambio de un salario era castigado con la atimia total, es decir, la pérdida de todos los derechos civiles. Perdía la capacidad para ocupar cargos públicos, hablar en el consejo o asamblea popular y comparecer ante los tribunales. Si una persona que ha caído en la atimia intenta ejercer ese derecho se puede actuar contra ella por el νόμος ἑταιρήσεως. La condena se castigaba con la muerte. La misma acción se dirigió también contra los propietarios y arrendadores de

---

[79] Aristóteles, *Ética nicomáquea*, VII, 5 (1148b) (W. D. Ross).

[80] El tirano de Acragas era conocido por su crueldad.

[81] Esquines: *Discurso contra Timarco*, pp. 9-12. *Cfr.* Symonds, *op. cit.*, p. 82; Hans Licht: Sittengeschichte Griechenlands, II, p. 162.

menores de edad.[82] Este tipo de denuncias no pocas veces se utilizaron en la lucha contra los adversarios políticos.[83] Un ejemplo clásico es el famoso discurso de Esquines contra Timarco. Aunque sólo se castigaba la pederastia por venta y con fines de lucro, cualquier otro tipo de pederastia también se consideraba moralmente reprobable. [En el "Discurso contra Timarco"[84] de Esquines leemos: "Consideren compatriotas qué tanta atención el antiguo legislador Solón otorgó a la moral, como hizo Draco y otros legisladores de aquellos días. Primero recuerden que establecieron normas para proteger la moral de nuestros jóvenes, prescribieron expresamente cuáles serían los hábitos de los nacidos libres y cómo tenían que ser criados. Luego legislaron en favor de los jóvenes y a continuación para los otros grupos en sucesión de edad, incluyendo en sus disposiciones no solo a los ciudadanos sino a toda la población. Cuando promulgaron estas normas, las confiaron a ustedes e hicieron sus guardianes". Luego cita la siguiente norma: "Los profesores de los jóvenes no deben abrir los dormitorios escolares antes del alba, y deben cerrarlos antes de la puesta del sol.[85] Ninguna persona mayor a los jóvenes tendrá permitido entrar a las habitaciones mientras ellos estén ahí, a menos que sea un hijo del profesor, hermano o marido de la hija. Si alguno ingresa en contravención a esta prohibición, será castigado con la muerte. Los directores de gimnasia en ninguna circunstancia deberán permitir a nadie que haya alcanzado la edad adulta, participar en los concursos de Hermes junto a los jóvenes. El gimnasta que

---

[82] *Cfr.* Lipsio: Attisches Recht und Rechtsverfahren, 1915, p. 433. No "importaba si el delincuente arrendaba a un menor o un adulto. En cualquiera de ambos casos se enfrentaba a la pena de muerte si era condenado, al igual que quien alquiló a un menor de edad para ello. Pero sólo entonces el inquilino, así como el propietario, estaban sujetos a la ley, si la persona maltratada pertenecía a la clase civil".

[83] *Cfr.* Kroll, *op. cit.*, p. 24.

[84] Esquines: *Discurso contra Timarco* (traducido por Charles D. Adams. The Loeb Classical Library) pp. 9-21 *Cfr.* Symonds, *op. cit.*, p. 82; Symonds, *A Problem*, pp. 37 y 41; Hans Licht: Sittengeschichte Griechenlands, 1926, II, p. 162.

[85] Esquines explica: "[...] el legislador se muestra excesivamente receloso de los profesores cuando están a solas o en la oscuridad con un niño".

permita esto y falle en mantener a dicha persona fuera del gimnasio será acreedor a las penas prescritas por corrupción de menores libres. Cada coregía nombrado por el pueblo deberá ser mayor de cuarenta años de edad".[86]. Luego, Esquines continua: "Después de esto compatriotas, estableció normas relativas a crímenes que, aunque parezca sorprendente, son cometidos hasta nuestros días en la ciudad. Debido a la comisión de ciertas conductas indecorosas los hombres de antaño promulgaron estas leyes. En todo caso, la norma prescribe explícitamente: si un muchacho es alquilado como prostituto, sea por el padre, hermano, tío o tutor o cualquier otro que tenga control sobre él, la acción judicial no recaerá sobre el muchacho mismo, sino contra el hombre que permitió que lo contrataran y contra el que lo contrató. La norma ha hecho que las penas sean las mismas para los perpetradores. Más aún, la norma libera al hijo al convertirse en hombre de las obligaciones de mantener o proporcionar un hogar al padre que lo ha contratado para la prostitución". Más adelante, Esquines cita las siguientes normas: "Si algún ateniense ultrajase a un niño nacido en libertad, el padre o tutor del menor lo denunciará ante los Tesmótetas y demandará una pena específica. Si la corte condena al acusado a la muerte será entregado a los guardias para ser ejecutado el mismo día. Si es condenado a pagar una multa y es incapaz de pagarla inmediatamente podrá pagarla en el plazo de once días después del juicio y permanecerá en prisión hasta que el pago sea realizado. La misma acción será procedente contra aquellos que abusen de los esclavos. Si algún ateniense se prostituyese, no le será permitido devenir uno de los nueve arcontes, desempeñar el cargo de sacerdote, actuar como fiscal ni ocupar algún cargo nacional o en el extranjero, sea por sorteo o elección. No será enviado como heraldo, no tomará parte en los debates ni estará presente en los sacrificios públicos. Cuando los ciudadanos usen guirnaldas, no llevará ninguna y no podrá ingresar en los límites del lugar que ha sido purificado por la asamblea del pueblo. Si cualquier hombre que hubiese sido

---

[86] Esquines explica: "[…] con el objetivo de que el corago hubiese alcanzado la época más templada de la vida antes de entrar en contacto con los niños".

condenado por prostitución actuase de manera contraria a estas prohibiciones será condenado a la muerte"].[87]

Aunque únicamente la pederastia profesional o comercial estaba regulada por el código penal, toda variante era moralmente cuestionable. La actitud moral respecto a la extensión real de esta forma de amor en los estratos más altos de la sociedad no era uniforme. Existía claramente una oposición entre dos opiniones diferentes. Un síntoma típico de esto fue el recurso literario de contrastar un amor noble y espiritual con un vulgar amor sensual por los jóvenes. El conflicto entre la opinión pública se encuentra expresado en una anécdota que nos ha sido transmitida por Plutarco. Se trata de las parejas de amantes que forman la "banda sagrada de amantes" de Pelópidas. Cuando Filipo de Macedonia vio a los 300 que habían caído en Queronea, se dice que gritó: "Perezca todo aquél que sospeche que estos hombres hicieron o sufrieron algo vil".[88] La opinión de que el amor homosexual era "vil" debió estar muy extendida. Bruno señala: "El problema pederástico irritaba a la sociedad. Nunca se ha dejado de considerar esta relación antinatural". Cree que "una tradición familiar fuerte ha luchado contra una defensa más o menos abierta de las relaciones serias de este tipo".[89] Bethe señala: "siempre debieron existir –inclusive en la época de mayor florecimiento del amor a los jóvenes– moralizadores que 'condenaron el amor a los jóvenes como una fornicación antinatural'. En los Estados no-dóricos, en los que sólo surgió y pudo enraizarse el amor a los muchachos fue, a pesar de una franca defensa, un vicio".[90] Symonds observa:

> Esa perturbación de las emociones que es inseparable de cualquiera de las formas profundas de apego personal y cuyas condiciones de amor a los chichos exasperan, era molesta para los

---

[87] *Cfr.* J.H. Lipsius, *Das Attische Recht und Rechtsverfahren*, 1905-1919, p. 420 y ss; 436 y ss.

[88] *Cfr.* Kroll: Pauly-Wissowa, XI, p. 900; Symonds, *op. cit.*, p. 61; Symonds, *A Problem*, p. 21.

[89] Bruns, *op. cit.*, p. 25.

[90] Bethe, *op. cit.*, p. 446.

griegos. No es poco curioso observar cómo todos los poetas de la época despótica –que predicaban el amor a los jóvenes– se resentían e inquietaban contra las fuerzas de sus propios sentimientos, diferenciándose en esto de los cantantes de caballerías que idealizaban los dolores propios de la pasión.

Se refiere a Teogonía que describe su amor como "agridulce y sujeto a la ansiedad".[91]

e) *Evidencia en los escritos de Platón.* Pero sobre todo podemos ver en los escritos del propio Platón cómo la pederastia fue rechazada decisivamente por los mejores círculos de Atenas. En el "Banquete" se ve que los padres nombran tutores a sus hijos principalmente para prevenir que hablen "con los amantes. Los colocan bajo la protección del tutor que está facultado para resolver estas cuestiones. Sus compañeros e iguales pueden comunicarles cualquier cosa de este tipo que puedan observar, en tanto que sus mayores se niegan a silenciar sus reproches y no los reprenden [...]".[92] También de la conversación que Pausanias sostiene aquí, en este elogio del amor, se colige una actitud desfavorable de la sociedad hacia el amor a los jóvenes. Platón se apresura a dibujar una distinción clara entre la pederastia verdadera y el amor a los jóvenes para situar claramente su Eros más allá de la crítica. Los pederastas reales "no aman a los muchachos, sino a los seres inteligentes, cuya razón comienza a desarrollarse, más o menos al momento en que su barba comienza a crecer". De hecho, propone una ley que prohíbe el amor a los jóvenes. Sobre los amantes de los muchachos: "Estas son las personas que traen un reproche al

---

[91] Symonds, *op. cit.*, p. 63. Resume: No hay que imaginar, "porque la literatura griega abunda en referencias a la pederastia y porque esta pasión desempeñó un papel importante en la historia griega, que por ello la mayoría de la raza no era susceptible en un grado mucho mayor a los encantos femeninos. Por el contrario, nuestras mejores autoridades hablan del amor a los chicos como una característica que distinguía a los guerreros, gimnastas, poetas y filósofos de la multitud común. En cuanto a los artistas, las anécdotas que se conservan sobre ellos giran principalmente en torno a su preferencia por las mujeres". *Op. cit.*, p. 121.

[92] *Banquete* 10, p. 183.

amor; algunos han sido conducidos a negar la licitud de tales apegos porque observan la impropiedad y maldad de ellos".[93]

Sobre las palabras "reproche", "impropiedad" y "maldad" debió hablarse mucho, en general en relación con la pederastia.[94] El diálogo "Fedro" nos muestra que el amante observa en los parientes[95] y amigos de su amado solamente "obstáculos o reprochadores de su más dulce conversación".[96] Y que, cuando el amante, en su frenesí, desea ser lo más sumiso y cercano posible al objeto de su deseo "desprecia las reglas y propiedades de vida de las que antes se enorgullecía".[97] Estos hechos, atestiguados por el propio Platón, amante de los jóvenes, demuestran satisfactoriamente que en Atenas el Eros homosexual, independientemente de su extensión en los círculos distinguidos, de hecho tal vez por eso mismo, era visto como un grave peligro para la juventud y, en consecuencia, perjudicial para el Estado, por lo tanto, debió de ser objeto de una condena moral.

Esto no pudo haber sido de otra manera en una sociedad que no se ha desintegrado completamente en su interior, que aún no se ha rendido del todo. El impulso primitivo de autopreservación de la sociedad obliga a defenderse a sí misma contra una forma de amor que, en términos generales conduce, con la negación de la propagación, a la muerte social, a la extinción del grupo. A partir de este instinto, y especialmente ahí donde aparece en un pueblo todavía viable, la homosexualidad será percibida contraria a la naturaleza y será estigmatizada, por lo tanto, como un vicio.

> Sea que estas cuestiones sean tomadas en broma o en serio, estimo que el placer debe considerarse natural cuando surge del coito entre hombres y mujeres, pero el encuentro carnal de

---

[93] *Banquete* 9, pp. 181-182.

[94] *Cfr.*, en cuanto a esto, Rettig: Knabenliebe und Frauenliebe in Platons Symposion. Philologus, vol. xli, 1882, p. 414 y ss. "Por lo tanto, debe quedar una mancha en todos los casos, incluso, según Pausanias, de este tipo de amor [...]". *op. cit.*, p. 423.

[95] *Fedro* vii, p. 232.

[96] *Fedro* xvi, p. 240.

[97] *Fedro* xxxii, p. 252.

hombres con hombres o mujeres con mujeres es contrario a la naturaleza; este audaz intento encontró su origen en la lujuria desenfrenada.

Sin embargo, ¿Cómo podemos tomar precauciones contra los amores antinaturales de uno y otro sexo, de los que se han derivado innumerables males para los individuos y ciudades?, ¿Cómo idear un remedio y camino de escape a un riesgo tan grande? […] Porque si alguien que siguiera la naturaleza, establecería normas que existían antes de los días de Layo y denunciaría estas lujurias como contrarias a la naturaleza, aduciendo a los animales como una prueba de que tal unión sería monstruosa, podría probar su punto, pero estaría en franca oposición con la costumbre de sus polis. Así, el que se entregó a sí mismo al amor a los jóvenes: "intencionalmente destruye la semilla del crecimiento humano o la siembra en terrenos pedregosos en los que no echará raíces".

La cita anterior proviene de un escritor ateniense citado aquí, sirve para atestiguar que en la Atenas de Platón la homosexualidad fue concebida como un riesgo para el Estado. Esta cita proviene del propio Platón, de sus "Leyes" surgieron estas objeciones importantes hacia la pederastia.[98] Pero es el viejo Platón quien habla de esta forma, el anciano cuyo Eros ha muerto y para quien el recuerdo del Eros continúa vivo únicamente como fuente de "innumerables males". Desde este punto puede rastrearse cómo el joven, cómo el hombre lo ha sufrido, qué tanto este genio consagrado por completo al Estado y sociedad toma en consideración lo antisocial de su constitución sexual. Cómo él, con su posición política en contra del deterioro moral y en favor de la restauración de las viejas costumbres, debió

---

[98] *Leyes* I, 8, p. 636, VIII, 5, p. 836, VIII, 7, p. 839. *Cfr.*, también VIII, 8, p. 841, donde Platón dice de las normas que regulan las relaciones sexuales que, al menos, la pederastia tiene que ser abolida por completo. Se ha comentado, a menudo, la incoherencia existente entre el tratamiento de *Eros* en las "Leyes", "Banquete" y "Fedro". *Cfr.* Symonds, *op. cit.*, p. 96. (Symonds, *A Problem*, p. 48). Pero hasta ahora no se ha encontrado una explicación psicológica satisfactoria. W. Fite, *op. cit.*, p. 170, dice sobre la actitud de Platón hacia la pederastia en las "Leyes": "Platón, podríamos decir, ha tenido los ojos abiertos".

considerar una falta el sentirse incapaz de servir a la patria a través del establecimiento de una familia y sucesores y cuán severa fue la lucha en contra de su naturaleza más íntima, cuán heroicamente se impuso a sí mismo la renuncia a la gratificación instintiva como un ideal moral.

7. El conflicto de Platón con la sociedad

Esta constitución sexual de Platón no sólo sirve para diferenciarse de la gran masa de individuos normales, sino que, igualmente, lo hace tomar una posición diferente dentro del círculo dedicado a la alabanza del amor a los jóvenes. En todo momento, se da la impresión de que la mayoría de estos hombres, que se habían sentido atraídos a los bellos mancebos, fueron capaces de amar al sexo contrario. Tal parece que fueron homosexuales únicamente durante cierto periodo de su vida, cuando eran jóvenes y tenían más contacto con otros varones más que con las mujeres y en los que el Eros juvenil aún estaba vivo. Pero, al llegar a la edad adulta se casaron, criaron hijos y miraron al amoroso Eros como una travesura juvenil. La mayoría de los hombres de los que tenemos noticia no eran inaccesibles a la belleza masculina –por ejemplo, Solón, Esquilo, Sófocles, etcétera– aunque estaban casados y tenían descendencia. Fue el caso en particular de Sócrates, maestro y prototipo de Platón,[99] y su amante Alcibíades, así como de Dion de quien Platón estaba apasionadamente enamorado. Los fenómenos habituales de la pederastia yacen claramente en una composición bisexual y, por lo tanto, no son propiamente una inversión sino un redoblamiento, un desarrollo más extenso del impulso sexual. Se expresa sintomáticamente en los motivos favoritos del

---

[99] H. Gomperz, *op. cit.*, p. 40. "Las malas lenguas de los siglos posteriores, inclusive, llegaron a afirmar que, en sus relaciones con el sexo femenino, Sócrates mostraba más bien poco que demasiado dominio de sí mismo. Además de su esposa, tuvo relaciones con mujeres públicas". Y, en la p. 62: "En cuanto esto, Sócrates, sin duda, era receptivo a los estímulos de ambos sexos, y esta doble sensibilidad era, seguramente, la norma en aquel círculo en el que transcurrió su vida; es decir, en los círculos superiores de la Atenas de la segunda mitad del siglo v".

arte pictórico, en Amazona y Hermafrodita.[100] Muy significativo es por ejemplo el hecho de que Jenofonte en su "Banquete" representa a Critóbulos como un marido joven y al mismo tiempo enamorado de Cleinias.[101] Jenofonte no duda en pintar a este hombre amante de los jóvenes hacia el final del diálogo agitado por juegos amorosos que ahí se muestran, apresurándose hacia el lecho nupcial. También es típico el informe de Aristóteles sobre una disputa entre dos aristócratas en Siracusa que conduciría a derrocar una constitución: "El uno había seducido al amante del otro en su ausencia, tras lo cual el último sedujo a la esposa del primero".[102] Esta bisexualidad es, desde el punto de vista social, mucho menos peligrosa y, por lo tanto, no sería percibida subjetivamente como una inferioridad[103] ya que no aleja a uno de la sociedad. Por el contrario, permite estar vinculado con lazos dobles a la sociedad con la que uno tiene el deber de propagación. Tal parece que Platón no estaba dotado con este feliz Eros. Él, que nunca había pensado en fundar una familia, había experimentado el trágico destino de una homosexualidad unilateral. Por esta razón, entró necesariamente en un conflicto profundo y doloroso consigo mismo, con el mundo y en particular con la sociedad. Sin embargo, más que las voces joviales del Eros que se desposa a sí mismo, es subrayada la tortura del patológico y maldito Eros del "Fedro", ese

---

[100] Como muestra Lagerborg, *op. cit.*, p. 46.

[101] *Cfr.*, también, Symonds, *op. cit.*, p. 85; Symonds, *A Problem*, p. 40.

[102] *Política* v, 3, § 1 (1303b).

[103] La inclinación sexual de un hombre por el hombre es, por supuesto, muy a menudo, pero seguramente no siempre, el síntoma de un carácter femeninúm. Podemos suponer que cualquiera que se sienta atraído por los hombres y repelido por las mujeres tiene, él mismo, una predisposición femenina. Y, esta predisposición femenina de un hombre era considerada por la moral griega ortodoxa como una inferioridad, era caracterizada como "enfermedad del afeminamiento" ([θήλεια νόσος] y descrita por Heródoto e Hipócrates como algo esencialmente extraño y no helénico"). (Symonds, *op. cit.*, p. 59; [Symonds, *A Problem*, p. 28]). Pero una disposición bisexual directa es reconciliable con un carácter masculino. En este caso, lo que atrae es el carácter femenino de la belleza del chico. Que el principio masculino y el femenino pueden aparecer en diferentes proporciones en individuos concretos, que hay en consecuencia mujeres masculinas y hombres femeninos es un hecho –como ha señalado H. Gomperz, *op. cit.*, p. 26– ya conocido por Parménides.

gran canto que Platón escribió para describir el amor a los jóvenes. Este último Eros se avergüenza y condena a sí mismo. El aborrecimiento apasionado con que pinta el cuadro del personaje tiránico del libro IX de la "República" delata la manera en que pudo odiar a este Eros. Confiesa el secreto más profundo de este tipo de personaje, justo ese Eros que en el "Banquete" alababa por encima de todo. De esta forma, la juventud es corrompida pues en una sociedad tan perversa es implantada "en él una pasión maestra (Eros) para ser la señora de su ocio, derroche y deseos –una especie de monstruoso zángano alado–". Así, se convierte en un tirano porque su "alma tiene a la locura como capitán de su guardia" que Platón, en su "Fedro", llama una locura "divina". "¿No es esta la razón por la cual Eros ha sido llamado un tirano de antaño?". Aquí pregunta Sócrates cuando condena al tirano; en cuyo interior es entronizado Eros: "Eros es su tirano y vive señorialmente en él, sin restricción, siendo él mismo un rey". ¿Sigue siendo el mismo Eros que celebraba en el "Banquete" como rey, más aún, como "rey de los Dioses"?[104] ¿Qué tan diferente Platón debió ver su Eros de aquí al "Fedro", cuando lo califica simplemente como el que seduce a la juventud hacia la tiranía?

> Mientras tanto, las viejas opiniones que tenía cuando era niño, y que daban un juicio sobre el Bien y el Mal, son derrocadas por aquellas otras que acaban de emanciparse, que ahora escoltan al Eros y comparten su imperio. Estas, en sus días democráticos, cuando aún estaba sujeto al derecho y su padre, solo se liberaban en sus sueños. Pero ahora que está bajo el dominio de Eros se convierte siempre en una realidad de la vigilia en lo que entonces era rara y solamente un sueño. Cometerá el homicidio más desquiciado, comerá carne prohibida o será culpable de otro horrible acto. Eros es su tirano, vive señorialmente en él, sin ninguna restricción, siendo él mismo un rey, lo conduce como un tirano conduce a un Estado, a realizar cualquier acto temerario con el que pueda mantenerse a sí mismo, así como a la muchedumbre de sus agremiados, sean aquellos a los que las co-

---

[104] *Banquete*, c 18, p. 195.

74

municaciones malvadas hubiesen traído desde fuera o aquellos a los que él mismo ha permitido que se desprendan en su interior a causa de una naturaleza malvada similar en sí mismo.[105]

Ese es el mal, en parte forzado desde el exterior por un mal asociado, en parte brotando desde el interior, desde los espantosos impulsos desencadenados. Estas son las "bestias furiosas" que no sufren ninguna restricción, "inaccesibles como cualquier animal a toda pretensión de la razón", de las que Platón habla en el "Timeo". Este es el Eros contra el que Platón no es capaz de defender su alma si no es mediante el riguroso ideal de la castidad.

8. El ideal de castidad de Platón: Sócrates

Esto es lo que lo unía a Sócrates. Aún en este hombre demoniaco, Platón vio su Eros mucho más vivo, lo vio constantemente frente a los jóvenes, atrayéndolos hacia él con los brillantes regalos de su extraño espíritu. Pero él, quien como ningún otro comprendió el peligroso juego del amor, quien a pesar de su poco agraciado aspecto fue capaz, como nadie, de ganarse el amor de los jóvenes más bellos, regresó calmado, sereno y jamás vencido por el amor terrenal, siempre victorioso de todas sus aventuras amorosas. En el "Banquete", Platón erige para la posteridad, tanto un monumento a la castidad de Sócrates, como a la castidad en general. Turbado por el vino, Alcibíades desvela los secretos del venerable hombre. Alcibíades, flechado por vez primera por la mente de Sócrates, cuenta cómo fue sacudido y vencido. Ante la charla de Sócrates, su corazón latía más rápido que el de un juerguista coribán, se conmovió hasta las lágrimas, se vio embargado por el amor hacia aquél a quien se había entregado como amante y se lamentó humildemente frente a él. Todos los intentos de seducción del joven fueron en vano. Sin embargo, tuvo éxito en invitar a Sócrates a pernoctar a solas en su morada. De hecho, se acostó bajo la misma manta con Sócrates y posó su brazo alrededor de él

---

[105] *República* IX, 1-3, pp. 571-575.

durante toda la noche, pero por los dioses y diosas: "no sucedió nada más, pero en la mañana cuando me puse de pie [...] me levanté como si fuese el sofá de un padre o un hermano mayor".[106]

Tal castidad, pudo haber sido más sencilla para el frío Sócrates quien además contaba con una esposa e hijos en casa, que para el más apasionado Platón que permaneció soltero durante toda su vida. Podría haber sido, también que Sócrates fuera de una naturaleza erótica y su racionalismo una máscara que ocultara su pasión. En él, sin embargo, el amor no era tan fuerte que pudiera meterlo en serios aprietos con la razón. Cuando el fisonomista sirio Zopyrus infirió del rostro de Sócrates su sensualidad, se cuenta que este último –a pesar de la enérgica protesta de sus discípulos– explicó: "Zopyrus se encuentra en lo correcto, pero soy el amo de estas pasiones".[107] Platón, imitando a su maestro estuvo obligado también a apelar a la razón en su lucha contra Eros. Pero, en el camino a la virtud no le proveyó suficiente ayuda. En consecuencia, más allá de todo el racionalismo socrático, Platón estuvo constreñido a buscar una salvación en el misticismo. Sólo así podría tener esperanza de hallar el último paso hacia la visión del anhelado bien eterno. Y, sin embargo, en la decisiva fase de la vida de Platón, aunque su pensamiento había ido más allá del método de análisis socrático, al final de su vida permanece

---

[106] *Banquete*, p. 215 y 219.

[107] *Cfr.* H. Gomperz, *op. cit.*, p. 57. Aquí se subraya que, con Sócrates, el "concepto de autodominio" estaba en el centro de su vida y pensamiento. Además, "el verdadero objetivo de esta autoeducación socrática era la superación del anhelo de posesión corporal de los bellos jóvenes", p. 63. En general, Sócrates no era un asceta pues era indulgente al comer y beber, en particular con el contacto sexual con las mujeres. La única autoprohibición a la cual no se permitía ninguna excepción era el amor sexual a los jóvenes, p. 65. Sobre el motivo de esta renunciación y sublimación del amor, Gomperz conjetura: "Sócrates no nació en el círculo en el que vivía. La burguesía ateniense a la que saltó –vemos esto en las comedias– siempre permaneció hostil al amor a los jóvenes: la "buena sociedad" del Ática dominó sus inclinaciones homosexuales de los Dorios. ¿No habría sido el espíritu de sus ancestros, el entorno en que se crio, lo que le dio la fuerza y voluntad para superar el deseo de poseer corporalmente a los jóvenes bellos? Y, cuando le comenta a Critias que el deseo de comerciar con los jóvenes tiene algo de vil, ¿no escuchamos, quizá, en estas palabras el eco de aquella condena que Sócrates estaba acostumbrado a escuchar desde su infancia por parte de la pequeña burguesía de Atenas?

anclado, en sus diálogos, a la personalidad de su maestro. Transformó, por supuesto, al anciano horrible a un "joven y más hermoso Sócrates"[108] y se mantuvo fiel al prototipo de sus días de juventud, en el que honró, mientras Eros reinaba en él, el ideal de castidad que nunca alcanzó por completo.

En las charlas a través de las cuales Sócrates, en una atmósfera impregnada de erotismo, cautivó a la juventud aristocrática de Atenas, cuya mente estaba sedienta de cultura espiritual, el tópico era la virtud, pero, sobre todo, la justicia. Ni la ciencia natural, ni la sociología eran objeto de especulación teórica de este cazador de almas, puesto que, más que otra cosa, puso énfasis en la justificación ética de la vida individual.[109] Tras las violentas sacudidas de la consciencia moral del relativismo de la ciencia natural y las doctrinas sociales sofistas, Sócrates buscó como el primer gran representante de una reacción religiosa y política una base firme para los valores éticos. Creyó que la había encontrado en el intelecto humano. La virtud, para él, consistía en el conocimiento, el cual determina la conducta humana por medio de conceptos cognoscibles. Estos eran conceptos de lo virtuoso o de la virtud, juicios de valor y normas éticas para la sociedad. La racionalidad de su método especulativo de conceptos, el cual por ser racionalista podría proporcionar sólo una crítica de los principios morales y nunca una moral positiva, fue en todo momento sofista sin importar que su objetivo, el valor absoluto, era completa-

---

[108] *Epístola II*, p. 314.

[109] H. Gomperz escribió, *op. cit.*, pp. 69-69. "Si, entonces, unos conflictos morales muy violentos tenían lugar en el alma de Sócrates, ¿no podrían haberse basado en ellas el propio predominio de las cuestiones morales en su pensamiento? [...] Nuestro esfuerzo por una comprensión psicológica sería, en todo caso, más satisfactorio si nos atreviéramos a sumir que Sócrates se preguntó a sí mismo: ¿qué es lo bueno, lo decente, lo correcto? No por simple conocimiento teórico, sino originalmente mucho más porque él mismo no sabía que era, para él, lo bueno, decente y correcto, en otras palabras, cómo debía comportarse y conducir su vida [...]. Así, no sería improbable que, para Sócrates, la interrogante sobre la Verdad y el Bien hacía referencia originalmente a un problema muy personal y vital". Gomperz directamente afirma que, con Sócrates, pudo haber existido una conexión entre su actitud teórica hacia los problemas éticos y sus inclinaciones pederastas. *Op. cit.*, p. 70.

mente antisofista. Sólo por este motivo Platón devino su discípulo. La apasionada determinación con la cual Sócrates una y otra vez reexaminó el tema de la justicia pudo haber atraído profundamente al joven Platón en su ardiente búsqueda por justificarse a sí mismo y al mundo, aunque la futilidad de los esfuerzos socráticos y la imposibilidad para arribar a una definición satisfactoria de justicia por medio de la comprensión racional podría no haber pasado inadvertida para él. Esto se muestra en sus primeros diálogos, en los cuales delinea afectuosamente la figura del maestro y concluyen sin resultados. Sin embargo, quizás el propio Sócrates no estaba ansioso por arribar a ninguna conclusión definitiva, como tampoco lo estaba por recoger la fruta prohibida en el juego del amor. Quizá, el objetivo de su preocupación era muy diferente cuando era joven. Lo que el joven Platón escuchó, durante mucho tiempo, de las diversas charlas, en ocasiones extrañas, de su maestro no era tanto la respuesta a la pregunta de lo que esencialmente constituye lo bueno y lo justo, más bien la afirmación de que lo bueno y lo justo existen, que existía algo parecido a un valor moral de la vida del individuo y que había una justicia para la sociedad. Fue justamente esto lo que Sócrates jamás se cansó de afirmar y que, mejor que sus razonamientos lógicos, probó con su propia vida. Aunque Sócrates no había arribado a ninguna definición satisfactoria de la virtud ni de la justicia, Platón pudo ver en su misma personalidad la realización de la virtud, la justicia viviente.

Por lo tanto, la muerte de Sócrates pudo haber sido para Platón la experiencia más demoledora de su vida. Con una intuición exquisita, el filósofo ruso Soloviov[110] observó que Sócrates fue para Platón algo más que un maestro, fue el segundo padre espiritual y moral del joven huérfano. En el difícil trance al que Platón tuvo que hacer frente en su propia naturaleza, Sócrates fue su soporte más grande. Si se sintió a sí mismo, a través de su propia predisposición, colocado en una oposición hostil a la sociedad democrática en la cual solo la mayoría, y algo más que la mayoría, de acuerdo con el vil principio

---

[110] Vladimir Soloviov, *Plato.* Traducido del ruso por Richard Gill, 1935, p. 44.

de igualdad, ocupaba mucho espacio; si se sintió a sí mismo expulsado de este mundo en el que había poca esperanza para la victoria del bien, entonces la ejecución de Sócrates amenazó con destruir el último lazo. Una sociedad que condenó a la muerte al justo, en un mundo en el que el único casto debía morir, podía ser solo el reino del mal. La muerte de Sócrates "reveló por completo a los ojos del discípulo el abismo del mal en el mundo".[111] Este fue el abismo que desde entonces dividió el pensamiento de Platón: tal fue el abismo que dominó su sistema y que bajo la impresión de aquella experiencia demoledora lo llevó a un carácter pesimista.

9. El pesimismo platónico

Este estado de ánimo se desprende de los diálogos "Gorgias" y "Fedón". El verdadero filósofo se aleja del Estado, de este Estado cuya democracia se encuentra degradada. "Un profundo abismo yace entre él y el Estado", así caracteriza Apelt la actitud de Platón en "Gorgias".[112] De hecho, aquí se abre un abismo entre Estado y filosofía, más aún entre la vida y la filosofía en general. Surge el pensamiento: si es verdad que aquellos que no necesitan nada, son los más felices, entonces los más felices son los muertos. "Pero, seguramente la vida, de acuerdo con tu punto de vista, es una cosa horrible".

Las palabras sombrías de Eurípides son citadas: "¿Quién sabe si la vida no es la muerte y la muerte vida?". El Sócrates de Platón añade: "y que nosotros estamos realmente muertos".[113] La verdadera vida no se encuentra en este mundo. La realización de la justicia debe aplazarse al otro mundo al cual el alma irá después de la muerte para recibir su premio o castigo. En el "Fedón", encontramos la doctrina de que el cuerpo es solamente una tumba para el alma de la cual debe

---

[111] Soloviov, *op. cit.*, p. 62.

[112] *Platons Dialog*, Gorgias, übersetzt und erläutert von Otto Apelt, 2a ed., Philos. Bibliothek, núm. 148, Leipzig, 1992, p. 8.

[113] *Gorgias*, pp. 492-493.

escapar el verdadero filósofo tan pronto como le sea posible.[114] El φιλόσοφος, en tanto amante de la sabiduría, es contrastado mordazmente con el φιλοσώματος, en tanto amante del cuerpo.[115] Un profundo anhelo por la muerte es expresado en este diálogo que trata el deceso de Sócrates. "Considero que el verdadero adepto a la filosofía parece ser malentendido por los otros hombres. Estos no perciben que está siempre persiguiendo la muerte y muriendo […]".[116]

Como en el "Gorgias" donde también el buen hombre mortifica el cuerpo, subordina los sentidos y lo sensual, el "filósofo" vive solamente la existencia de la razón; de hecho la filosofía por completo se encuentra en oposición consciente a la vida en tanto negativa. El filósofo debe con el propósito de seguir su verdadera vocación huir de la vida y en particular del amor. "Los verdaderos filósofos, y solo ellos, siempre están buscando libertar el alma. ¿No es la separación y liberación entre el alma y el cuerpo su especial objeto de estudio?".[117]

Por eso la filosofía está dirigida a conocer la verdad, una existencia verdadera, y esto solo puede ser comprendido por el pensamiento puro, jamás a través de la percepción sensorial. A través de los sentidos el alma simplemente "ha extraviado su camino".[118] Está claro que la percepción a través de la mirada está plagada de decepciones, no menos que por medio de la audición y los otros sentidos,[119] por ello no se debe de tener por cierto nada de lo que a través de ellos se recibe.[120] Todo lo que se percibe a través de los sentidos significa, sin embargo, tanto como lo que se percibe a través del cuerpo.[121]

---

[114] *Fedón*, p. 82.

[115] *Fedón*, p. 68.

[116] *Fedón*, p. 64.

[117] *Fedón*, p. 67.

[118] *Fedón*, p. 65.

[119] *Fedón*, p. 65.

[120] *Fedón*, p. 83.

[121] *Fedón*, p. 79.

"Atropos, la diosa de la muerte, parece llevarnos cuando intentamos captar la verdadera existencia a través del pensamiento puro".[122]

Por lo tanto, mientras el alma esté infectada con el mal del cuerpo, nuestro desear no estará satisfecho.[123] Lo que ante todo deseamos es el conocimiento de lo bueno y justo, su existencia absoluta, que no puede establecer la percepción sensorial y que consecuentemente puede estar sujeta solamente al pensamiento puro –desde que su existencia se asume como autoevidente– libre de toda conexión con el cuerpo y sentidos. Cuando Platón enfatiza nuevamente que sólo el entendimiento, y no así los sentidos, puede comprender la verdad, la verdadera existencia quiere decir principalmente la existencia del bien, la belleza, lo justo. Entre las "infinitas inquietudes" que nuestro cuerpo produce en nosotros y nos obstaculizan en la "búsqueda del verdadero ser", esto es, que nos impiden llegar al bien, destacan especialmente "los amores y concupiscencias" y enfatiza que "las guerras, peleas y facciones" provienen del "cuerpo y sus deseos".

> La experiencia nos ha demostrado que, si queremos tener un conocimiento puro de cualquier cosa debemos abandonar el cuerpo –el alma debe contemplar las cosas en sí mismas–. Entonces alcanzaremos la sabiduría que deseamos y de la que decimos ser amantes. No mientras estemos vivos, sino después de la muerte [...].[124]

De hecho, este profundo pesimismo en relación con este mundo, el cual contrasta con un elevado optimismo en el más allá, casi llevó a Platón al punto de vista de un completo agnosticismo. Llegó a afirmar: "El conocimiento no puede ser alcanzado por completo, sino

---

[122] *Fedón*, p. 66. Esta es la traducción de Apelt, Platons Dialog Phaidon, philos. Bibl. núm. 147, 2a ed., 1920. Apelt lee Ατροπος no ἀτραπός. *Cfr.*, sus notas, *op. cit.*, p. 137.

[123] *Fedón*, p. 66.

[124] *Fedón*, p. 66.

hasta después de la muerte. Solo hasta entonces, el alma será separada del cuerpo y existirá solo en sí misma".[125]

En este mundo no existe un verdadero conocimiento, ni la justicia ya que el primero sólo se dirige al segundo. Es ofrecida una alternativa: el agnosticismo o trascendentalismo, no sólo para los objetos sino también para el mismo proceso de conocer. Este conocimiento, libre de toda sensibilidad del cuerpo, ya revela claramente la tendencia al misticismo. Es la consecuencia del dualismo pesimista que alcanza su clímax en el "Fedón".

Aquí, por primera vez se presenta la doctrina de las ideas desarrollada por completo. El contraste entre la eternamente inalterable idea invisible y el cambio constante de los objetos particulares, perceptibles por los sentidos es vinculado al contraste entre el cuerpo y el alma, que aquí representan la oposición entre el bien y el mal. La liberación del alma desde el cuerpo humano es llamada una "purificación", una "liberación del mal".[126] El alma escapa tras la muerte del cuerpo "a un lugar como el suyo". Este lugar es descrito como más "digno" y "puro", es el lugar "del bien y el bien razonable".[127] Se ha dicho: "que el alma es muy similar a lo divino, inmortal, intelectual, uniforme, indisoluble e inalterable; el cuerpo es similar a lo humano, mortal, no intelectual, multiforme, disoluble y alterable".[128]

La esencia del alma razonable es entonces el bien. Y, puesto que el cuerpo con sus apetencias es lo opuesto, la esencia de este último poder es solamente el mal –aunque no es dicho expresamente–. El cuerpo es "sustancial" y este es: "pesado y terrenal. Son estos elementos por los cuales un alma es oprimida y arrastrada de nuevo al mundo visible".[129]

Obviamente el mal es aquí simbolizado por el peso. El alma invisible es afín a la idea invisible. El cuerpo, sin embargo pertenece a los

---

[125] *Fedón*, p. 66.

[126] *Fedón*, pp. 66-67; p. 82.

[127] *Fedón*, p. 80.

[128] *Fedón*, p. 80.

[129] *Fedón*, p. 81.

objetos visibles.[130] El dominio de las ideas debe ser el lugar al que va el alma tras la muerte del cuerpo, el reino del Dios bueno. Aunque esto no se dice directamente se deduce del hecho de que en el "Fedón" es designada como la primera idea, el primer "piensa por ti mismo", el primer objeto de conocimiento que posee una "existencia verdadera", una "justicia absoluta", una "belleza absoluta" y un "bien absoluto".[131]

El bien por supuesto aún no es explicado como en la "República": la idea central. La filosofía, en tanto "búsqueda de la esencia real",[132] como el conocimiento de la verdadera realidad es en el "Fedón", también el primer y más importante conocimiento de lo justo, bueno y bello. Cuando Platón habla acerca de las ideas como objetos absolutos, lo hace exclusivamente sobre lo justo, bello y bueno.[133] Estos son valores. El contraste entre las ideas y los objetos parece aquí, sobre todo una oposición entre el valor y la realidad. Con la salvedad naturalmente de que al valor, esto es, únicamente al valor absoluto, se le adjudica la realidad del verdadero ser, mientras que a lo que usualmente se llama realidad, objetos materiales, se niega el verdadero ser. Puesto que el mundo de las ideas en el "Fedón" es un mundo de valores, la visión del mundo a la que Platón apunta aquí es completamente normativa, un conocimiento del valor que, en última instancia puede ser solamente un conocimiento del bien y del mal que –en la polémica contra Anaxágoras– coloca expresamente en oposición a la explicación científica del mundo. Así como la oposición entre el cuerpo y el alma se hace absoluta, en donde el cuerpo es completamente malo y el alma completamente buena, también el

---

[130] *Fedón*, p. 79.

[131] *Fedón*, p. 65.

[132] *Fedón*, p. 66.

[133] *Cfr. Fedón*, p. 75: "pues no hablamos sólo de igualdad, sino de la belleza, bondad, justicia, santidad y todo lo que etiquetamos con el nombre de esencia en el proceso dialéctico, tanto cuando preguntamos como cuando respondemos". Más aún, p. 76: "si, como siempre repetimos, existe una belleza absoluta, bondad y esencia absoluta de todas las cosas [...]". De nuevo, p. 77: "porque no hay nada que para mí sea tan evidente como que la belleza, bondad y otras nociones de las que acabas de hablar, tienen una existencia muy real y absoluta [...]". *Cfr.*, más allá, p. 78.

antagonismo entre idea y objeto es considerado absoluto. Son colocados en una oposición absoluta, ya que solo al mundo de las ideas, no al mundo de los objetos de percepción material, se le adjudica el verdadero ser. La realidad aparente, que es opuesta al mundo de las ideas, al reino del Dios bueno –no se dice directa, sino indirectamente–, es vil y por lo tanto debe ser negada.

Aquí, también la tendencia antisocial de este dualismo pesimista sale a relucir claramente: "A los impuros no se les permite aproximarse a los puros".[134] Los "verdaderos filósofos", aquellos que se "abstienen de toda concupiscencia de la carne, se resisten a ellas y se niegan a entregarse a ellas" y en consecuencia "se aproximan lo más posible durante su existencia terrenal al conocimiento de lo bueno y correcto", aquellos que renuncian al "amor del poder y honor", quienes "no viven simplemente moldeando y formando el cuerpo [...]", ellos: "no transitarán el sendero de los ciegos. Y, cuando la filosofía les ofrece purificación y liberación del mal, sienten que no deben resistir su influencia, se vuelven y la siguen hacia donde los conduce".[135]

Este es el camino personal de la "purificación y liberación", un camino de salvación individual. El filósofo se separa a sí mismo de la muchedumbre y cuida de su propia alma.[136] Qué tan lejos se encuentra Platón aquí, en el "Fedón", de los pensamientos de su obra posterior, la "República" donde el filósofo no sólo busca lo que es bueno para sí mismo, sino también para los otros e inclusive intenta imponerlo contra su voluntad, donde el filósofo y sólo el filósofo, es llamado a gobernar el Estado.

10. El vuelco optimista

Sin embargo, el pesimismo en relación con este mundo, la tendencia por hacer absoluta la diferencia entre el yo y el mundo, así como el dualismo a través del universo, esta huida de la sociedad, de la vida

---

[134] *Fedón*, p. 67.

[135] *Fedón*, p. 82.

[136] *Fedón*, p. 115.

y sobre todo de Eros, no es de ninguna manera, un principio básico que domina toda la vida y obra de Platón. En la cúspide de ambos se puede observar una tendencia opuesta, el dominio de la voluntad por vivir y amar. Si Platón debía encontrar el camino de regreso al mundo y, ante todo, a la sociedad, si debía reducir el sustrato de la separación filosófica de la existencia terrenal y, especialmente, del Estado, si el filósofo debía convertirse en gobernante, entonces primero era necesario que superara su cisma interno, este cisma que produjo la primera desesperación aislante, antierótica, ascética y autodestructiva, debía ser superado. Platón estuvo obligado a encontrar el coraje para autoconocer, para autoaceptar su naturaleza erótica. Y lo encontró. Uno de sus trabajos más encantadores que atestigua esto, uno de los poemas más bellos que regaló a la posteridad fue el "Banquete".

a) Lisis. En los sombríos pensamientos del diálogo dedicado a la naturaleza de la amistad, en la no muy armoniosa música de "Lisis" se puede ya escuchar claramente el *leitmotiv* que es fuertemente desarrollado con posterioridad en el "Banquete": la justificación del Eros platónico. Las verdaderas opiniones de Platón no son descubiertas con facilidad en la conversación entre Sócrates y sus dos amigos, Menexenes y Lisis, en presencia de Hipotales, el amante de Lisis. La conversación carece de resultados suficientes y, en parte, es una especulación completamente vacía. Apenas es un tema abordado cuando sale a la luz. Sin embargo, en el proceso, aparecen opiniones que Platón expone sin reservas en sus diálogos tardíos, especialmente en el "Banquete" y en el "Fedro". Así, la comparación entre estos dos diálogos brinda la posibilidad de aprender aquello que Platón perseguía en las líneas nebulosas y débiles de "Lisis". Platón busca una salida del laberinto de las discrepancias verbales: "No avancemos más en esta dirección (porque el camino luce problemático). Sino que tomemos el otro sendero en el que nos desviamos y escuchemos lo que los poetas tienen que decir. Ellos son para nosotros, en cierta forma, los padres y autores de la sabiduría".[137]

---

[137] *Lisis*, pp. 213-214.

La información que brindan los poetas sobre la naturaleza y origen de la amistad es muy característica: "No hablan de los amigos de una manera ligera o trivial. Sino que, el propio Dios, como dicen, los hace y atrae entre sí".[138] Así, estas uniones son hechas, también, en el cielo. Sobre los poetas que dicen: "Dios atrae siempre lo semejante […]", la proposición fundamental –empleada por Platón frecuentemente en otros lugares– es acertada, "esa de que semejantes deben amar a los semejantes", un postulado dirigido, más que cualquier otro, a justificar el Eros platónico. De manera particular cuando, en "Lisis", tiene que ser comprendido en el sentido de que: "los buenos son semejantes entre sí, amigos entre sí. Los malos, como a menudo se dice de ellos, nunca están unidos entre ellos o consigo mismos porque son apasionados e inquietos"[139] y, en consecuencia, poco aptos para la amistad. Como primera conclusión se puede por lo tanto –aunque no se especifica como tal– asumir: "que lo bueno, solo es amigo de lo bueno, y sólo de él. Pero el malo, jamás alcanza una amistad real, ni con el bueno ni con el malo".[140] Los amigos –como Lisis y Menexenes o Lisis e Hipotales– sólo pueden ser hombres buenos.

En la misma amistad, cuyos ejemplos se dan en la conversación, primero en la relación asexual de Menexenes y de nuevo en la completamente sexual de Hipotales hacia Lisis, hay algo bueno a pesar de estar basada en la pasión. De esta manera, aunque el mal desapareciera del mundo, aún habría hambre, sed y otras apetencias similares, así también con la amistad y el amor. Eso no sería el caso si la amistad o el amor, aún la amistad y el amor que reposa sobre el deseo, fueran algo malo. Es el pensamiento esencial que puede colegirse del extracto del diálogo siguiente:

> Oh, ¿me dirías, exclamé, si el mal pereciera no tendría más hambre, sed o algún deseo similar? ¿O, quizá, supondríamos que subsistiría el hambre como los hombres y animales, pero no tan

---

[138] *Lisis*, p. 214.

[139] *Lisis*, p. 214.

[140] *Lisis*, p. 214.

dañina? ¿Lo mismo sucedería a la sed y otros deseos que permanecerían, pero no serían malos porque el mal pereció? O, más bien, debería preguntar, ¿no sería ridículo preguntar que debería ser o no ser? Sabemos que en nuestra condición actual el hambre puede herirnos y, también, beneficiarnos, ¿no es verdad?
Sí.
¿Del mismo modo, la sed o cualquier otro deseo similar puede ser, en ocasiones, un bien y, en otra, un mal para nosotros, otras veces ni lo uno ni lo otro?
Por supuesto.
Pero, ¿existe alguna razón por la que, cuando el mal perezca, lo que no es malo perezca con él?
No.
Entonces, ¿si el mal perece, los deseos que no son ni buenos ni malos permanecerán?
Claramente lo harán.
¿No debe amar un hombre lo que desea y guarda afecto?
Debe de.
Entonces, aunque el mal perezca, aún permanecerán algunos vestigios de amor o amistad.
Sí.
Entonces el mal no es la causa de la amistad porque, en ese caso, nada sería la amistad o cualquier otra cosa tras la destrucción del mal, porque el efecto no puede permanecer cuando la causa es destruida.
Es cierto.
¿No habíamos admitido ya que el amigo ama algo por alguna razón? Y, al momento de admitir esto, ¿no éramos de la opinión que ni el bien ni el mal aman el bien a causa del mal?
Muy cierto.
Sin embargo, ahora nuestra perspectiva ha cambiado, ¿concedemos que debiera haber alguna otra causa para la amistad?
Supongo.
Podría ser, más bien, como hemos dicho justo ahora, que el deseo es la causa de la amistad. Así, ¿lo que se desea es querido por aquello que es deseado al tiempo de hacerlo?, ¿la otra

teoría no habrá sido una larga historia para nada?

Es bastante probable.[141]

El deseo es la "causa de la amistad" y ello quiere decir que el cuerpo, el cual debe ser seguramente tomado en el sentido de las opiniones expuestas por Platón de manera particular en el "Fedón", es afín o equivalente a los deseos. Sin embargo, el cuerpo no es aquí –en "Lisis"– malo, no se encuentra absolutamente en oposición al alma, así como al bien. El cuerpo no es por supuesto el bien: "Pero el cuerpo humano, como tal, no es ni bueno ni malo".[142]

Así caracteriza Platón más tarde en el "Banquete" el impulso de amar. En "Lisis", con mayor claridad que en el "Banquete", el contraste entre el bien y el mal queda libre del estancamiento de lo absoluto, es relativizado. Existe algo que no es ni bueno ni malo, y es el cuerpo. Y eso que no es ni bueno ni malo no es como en el "Fedón" el sepulcro del alma, sino un elemento completamente legítimo de la amistad: por eso es, como tal, la raíz del esfuerzo por el bien. Porque sólo se puede querer y desear lo que no se es o no se posee. "Así, sostengo que, para el espíritu previsor –la previsión se convierte en certeza en el 'Banquete'– lo que no es ni bueno ni malo, es amigo de la belleza tanto como del bien".[143]

El deseo, que yace en la base de la amistad, es denominado οἰχξῖου, esto es, lo que congenia, lo que aviene a uno (el amigo y el amado congenian el uno con el otro). Este οἰχξῖου es, de hecho, el bien. "¿Si decimos que aquello que congenia es lo mismo que el bien, en ese caso, el bien y solo él, será amigo de lo bueno?",[144] pregunta Sócrates y su interlocutor asiente. Este es el significado profundo de la amistad, esta es la compulsión viviente entre los amigos que direcciona sus esfuerzos al bien real.

---

[141] *Lisis*, p. 221.

[142] *Lisis*, p. 217.

[143] *Lisis*, p. 216.

[144] *Lisis*, p. 222.

"Todas aquellas cosas que, como dijimos, son queridas en beneficio del otro son solo ilusiones y decepciones pero, ahí donde aquel principio esencial se encuentra, ahí se haya el verdadero ideal de amistad".[145] Platón no dice expresamente esto, sin embargo, sólo puede ser el bien absoluto, que es querido en sí mismo y no en beneficio de otro.[146] "Eso que es solamente querido por nosotros, en beneficio de algo más, no es propiamente lo querido, lo realmente querido es aquello en lo que terminan todas estas llamadas queridas amistades. Lo realmente querido, o principio último de la amistad, no es por el bien de ningún otro o más querido bien".[147] Sin embargo, si esta última meta es la idea del bien, entonces tal interpretación de Eros es su más grande justificación.

Aunque el diálogo "Lisis" es sólo la primera escaramuza de una glorificación filosófica de Eros, que aquí aun aparece como φιλια y que todavía es llamada preferentemente amistad, ya se trata de la misma posición básica que vemos con tanto vigor en el "Banquete".[148]

b) El Banquete. Este poema inmortal es una apología sobre el peculiar Eros platónico. Una defensa del amor homosexual contra los reproches usuales que no se encuentran abiertamente expresados en el diálogo, sin embargo, son presupuestos una defensa sobre todo, contra la acusación del carácter antisocial de este Eros. No es, como la mayoría de las veces se asume y como podría parecer de las palabras del "Fedro" citado en la introducción del diálogo, una glo-

---

[145] *Lisis*, p. 219.

[146] De manera significativa, Apelt observa, en la introducción de su traducción de Lisis (Philos. Bibl. Bd. 177, 2a ed., 1922, p. 74): El clímax que espera, la relación con la idea del bien, emerge claramente por encima de nubes envolventes y, si las nubes se reúnen, el atento lector todavía tiene la clara sensación que la solución al enigma ha sido dada: la verdadera amistad sólo es posible entre los buenos hombres porque no hay nada más que unidad en el amor al bien.

[147] *Lisis*, p. 220.

[148] Por esta razón creo que es improbable que "Lisis" hubiera sido escrito después del "Banquete". Si se compara la posición que Platón adopta frente al problema de Eros en ambos diálogos, sólo se puede cuestionar la relación inversa. *Cfr.*, también, Räder: Platons philosophische Entwicklung, 2a ed., 1920, pp. 154 y ss; en particular, Lagerborg, *op. cit.*, p. 92.

rificación del amor en general, del amor en todas sus formas. "Que cosa tan extraña es que […], mientras otros dioses tienen poemas e himnos hechos en su honor, el gran y glorioso Eros no tiene valor entre los tantos poetas".[149]

De esta forma, el Eros al que cada uno de los amigos reunidos en el banquete se supone deben hacer un panegírico –de un extremo al otro– no es otro más que el Eros amante de los jóvenes. En cuanto a esto, Fedro sin duda toma la delantera. Habla como si no existiera ninguna otra forma de amor más que la homosexual, comienza por elogiar este Eros como el más antiguo de los dioses y, al mismo tiempo, la fuente de los más grandes beneficios. Refiere a Hesíodo, Parménides, Acusilao y continua: "No solo es el más antiguo, también es la fuente de los más grandes beneficios para nosotros. Porque no conozco mayor bendición para un joven que comienza la vida que un amante virtuoso, ni para el amante que un joven amado".[150]

Este es el Eros que Fedro y el resto de los disertantes tienen en mente. Inmediatamente en su primer discurso, Platón recuerda presentar la deseable función social de este Eros. Sin esta, ni el individuo, ni aún el Estado, pueden producir grandes y hermosas obras. Por ello, la relación entre el amante y el amado despierta y mantiene un sentido del honor, coraje y disposición al sacrificio; cada una de estas características que garantiza la continuidad de la sociedad. A decir verdad, de los ejemplos dados por Fedro, Alcestis, quien está dispuesta a morir por su marido, Orfeo, quien desciende al Hades por su esposa, Aquiles, que muere vengando a Patroclo, parece que el amor entre el hombre y la mujer carece, también, de valor moral.[151] Muestra claramente que Platón otorgaba mayor valor al Eros homosexual. Por lo que respecta a su valor para la sociedad: los dioses honran a Aquiles sobre Alcestis y lo envían a las islas de los

---

[149] *Banquete*, p. 177.

[150] *Banquete*, p. 178.

[151] En el ejemplo de Alcestis, cabe destacar, la mujer no interpreta aquí su papel natural pasivo, sino que, por el contrario, el de la amante –activa–. *Cfr.* Rettig, *op. cit.*, p. 424.

bienaventurados.[152] El segundo panegírico, también, el de Pausanias, sólo se refiere al amor a los jóvenes y, aún más claramente que en el elogio de Fedro, lo estima por encima del amor entre el hombre y la mujer.[153] En este discurso también se pone el acento en el valor positivo del amor homosexual por el Estado. Pausanias interpreta la distinción entre el elevado amor espiritual-celestial, del simple amor terrenal, entre Eros Uranio y Eros Pandemo, definitivamente a favor de los homosexuales. Se dice que Afrodita, que es asociada con Eros Uranio, en tanto hija de Urano, es "anciana *y huérfana de madre*". Esto ya indica el ideal homosexual de la procreación sin madre. De esto se colige directamente que este Eros Uranio, esta forma elevada de amor espiritual, sólo el amor a los jóvenes, sólo el amor del hombre hacia el hombre, el amor homosexual, puede desarrollarse en esta forma más elevada. Este Eros, que es el vástago

> de la Afrodita celestial, ha nacido de una madre en cuyo nacimiento la mujer no ha tomado parte –ha nacido solo del hombre–. Este es el amor de los jóvenes, y siendo la diosa mayor, no hay en ella nada de libertinaje. Aquellos que se han inspirado por este amor se inclinan por los varones y se deleitan con mirar a aquél cuya naturaleza es más valiente e inteligente.[154]

Nada es más característico de Platón que observar en el Eros Uranio sólo el amor a los jóvenes, nada muestra con mayor claridad el abismo que existe entre él, en este punto –pero sólo en este punto– y el mundo de la cristiandad, cuyo amor celestial está relacionado con la Madre Virgen, nada es más característico para la tendencia de todo el diálogo que esto: Platón sostuvo que sólo el amor homosexual y no el heterosexual era capaz de elevarse por encima de las profundidades de lo simplemente sexual hacia una forma más espiritual.

---

[152] *Banquete*, p. 180.

[153] Gerhard Krueger: Einsicht und Leidenschaft. Das Wesen des platonischen Denkens, 1939, p. 99 dice que el discurso de Pausanias posee la clara tendencia de ser "una apología a la pederastia".

[154] *Banquete*, p. 181.

Este giro, que el amor a los jóvenes era por su naturaleza, un amor más espiritual, que tenía la tendencia interior –más que el amor hacia la mujer– de refinarse a sí mismo a una forma celestial, sirve esencialmente para probar que este Eros estaba en armonía con la moral ateniense. Esta parece –como se subrayó– condenar a la homosexualidad porque la unión de los jóvenes con sus amantes se encuentra prohibida. Pausanias literalmente dice: "cualquiera que retrate esto" (es decir, las medidas tomadas para proteger a los jóvenes contra la pederastia), "pensará que consideramos estas prácticas" (esto es, la pederastia) "de lo más vergonzosas".[155]

Platón hace que Pausanias interprete la costumbre, de acuerdo con la cual cualquier relación entre los jóvenes y sus amantes se encuentra prohibida, de tal forma que se hace compatible con su Eros. Sólo el amor sexual, no el espiritual, se encuentra prohibido. Eros es espiritualizado para que sea sociable. Sostiene esta afirmación al hacer que Pausanias coloque en primer plano las cualidades socialmente deseables de este amor. El amor –espiritual– a los jóvenes tiene como objetivo mejorar la mente y el cuerpo del joven amado.[156]

---

[155] *Banquete*, p. 183.

[156] De acuerdo con Bethe, *op. cit.*, p. 462 y ss. Los dorios justificaron la práctica homosexual al considerar que el hombre comunicaba a la juventud su alma y, con ello, sus habilidades de manera mágica a través del semen. Así, "espiritualizaban" la pederastia en sus costumbres. En esta ideología sobre la homosexualidad masculina, el semen –así como la sangre o el aliento– compartía el carácter de la fuerza del alma (Bethe, *op. cit.*, p. 466). Esto quiere decir que era visto como una sustancia moral o el alma misma es, hasta cierto punto, la sustancialización de los valores éticos. En Platón debe encontrarse la idea de que el semen masculino se encuentra animado. En el "Timeo" muestra la creencia de que el semen se origina en la espina dorsal, que esta contiene la sustancia seminal, p. 86. Aquí, p. 91, dice: "los dioses crearon el instinto de procreación, creando en el hombre una sustancia animada y, en la mujer, otra, que distribuyeron respectivamente de la siguiente manera. La salida para la bebida por la que los fluidos pasan a la vejiga, que los recibe y luego por la presión del aire los emite, fue creada por ellos de tal manera que penetra también en el cuerpo de la médula, que pasa de la cabeza a lo largo del cuello y a través de la espalda, y que en el discurso anterior hemos llamado la semilla. Y, la semilla, con vida (animada) y dotada de respiración, produce en aquella parte en que respira un deseo vivaz de emisión y, por lo tanto, crea en nosotros el amor a la procreación. Por lo tanto, también en los hombres el órgano de procreación se convierte en rebelde y dominante, como un animal desobediente a la razón y enloquecido por el aguijón de

Y: "de acuerdo con nuestra costumbre, cualquiera que ayude a otro bajo la idea de que podría mejorarlo, sea en sabiduría o en otra virtud particular –como una suerte de servicio voluntario–, digo que no debe observarse como un deshonor [...]".[157]

Por lo tanto, aun cuando de acuerdo con la moral ateniense que prohibía a los jóvenes reunirse con sus amantes, se puede concluir que el amado debe indultar al amante. Sólo deben ponerse juntas ambas costumbres, la primera de acuerdo con la cual la unión entre jóvenes y amantes está prohibida[158] y la otra a través de la que no es un deshonor mejorar al otro.

> Entonces el amado debe honorablemente indultar al amante.
> Así de noble es en todo caso la aceptación de otro en aras de la virtud. Este es aquel amor, el de los dioses celestiales y de gran valor a los individuos y el Estado, que hace que el amante y amado estén ansiosos por igual en el trabajo de sus propias mejoras.[159]

Era de gran valor sobre todo para el Estado. Puesto que era peligroso para el Estado, era necesario adoptar una posición contra este argumento. Pausanias no se atemoriza en absoluto al emplear el interés político en favor de la homosexualidad cuando lo califica ante el demos ateniense como democrático. El Eros masculino es hostil al tirano, dice. Esto es demostrado por Harmodio y Aristogeitón cuyo amor preparó el final de la tiranía.

---

la lujuria, busca obtener el dominio absoluto. Platón tiene claramente la idea de que el semen son "corpúsculos de médula", "desprendidos de la sustancia principal". Ritter, Platons Dialoge I, 1903, pp. 144-145.

[157] *Banquete*, p. 184.

[158] Platón deja a Pausanias decir: "Estas dos costumbres, el amor a la juventud y la práctica de la filosofía y virtud en general, deben reunirse en una y, entonces, el amado puede indultar honorablemente al amante". Pausanias habla sólo de la costumbre del "amor a los jóvenes". Sin embargo, lo que aquí Platón tiene en mente es, evidentemente, la costumbre caracterizada por las palabras: "cuando los padres prohíben a sus hijos hablar con sus amantes [...]", etcétera, p. 183.

[159] *Banquete*, p. 185.

En consecuencia, el descrédito en que han caído estos apegos puede atribuirse a la mala condición de aquellos que lo desacreditaron, esto es, al egoísmo de los gobernadores y cobardía de los gobernados. Por otro lado, el honor desmedido que se les ha dado en algunos países se atribuye a la pereza de aquellos que se reservaban su opinión.[160]

"El honor desmedido que se les ha dado" quiere decir que no se exige que el amado ceda al amante "honorablemente", esto es, espiritualmente "con vistas a la virtud y mejora". Tal actitud es explicada por "pereza". La suavidad de este juicio sobre el Eros Pandemo, amante de la juventud, es notable en vista de la enérgica tendencia por justificarlo mediante su espiritualización.[161] Y esta suave actitud es mostrada aún con mayor claridad en el "Fedro". Aquí, la cuestión concierne al destino en el más allá de aquellos amigos que en un momento de bonanza "eligen y satisfacen el deseo del corazón que para muchos es la dicha". A esta cuestión le sigue esta respuesta:

> Al final abandonan el cuerpo sin alas, pero con deseo de volar y así obtienen una recompensa nada despreciable de amor y locura. Porque los que una vez comenzaron la peregrinación hacia el cielo no pueden bajar de nuevo a la oscuridad y viaje bajo la tierra, sino que viven siempre iluminados. Felices como compañeros de peregrinaje y cuando llega el momento en que reciben sus alas, poseen el mismo plumaje debido a su amor.[162]

En el discurso del médico Erixímaco la preferencia por el Eros homosexual, en tanto contrario al heterosexual, como es comprensi-

---

[160] *Banquete*, p. 182.

[161] El discurso de Pausanias es, de hecho —como B. Jowett destaca en la introducción a su traducción del "Banquete"— "extremadamente confuso". Esta confusión se debe a la intención de conducir al Eros pederasta a una especie de armonía con la actitud reprobadora de los atenienses. Symonds (*A Problem*, p. 31), dice respecto a la referencia destacada de Jowett: "Precisamente por eso es valioso. La confusión indica la oscura conciencia de los atenienses". En Atenas, la actitud moral estaba dividida. El conflicto moral al que condujo el problema de la pederastia se reflejó en el trágico conflicto en el pecho de Platón.

[162] *Fedro*, p. 256.

ble, causa la más mínima impresión perceptible. Aquí, Platón se contenta a sí mismo con dejar que su Eros sea justificado desde el punto de vista médico. Y también en este discurso el Eros homosexual lidia contra las objeciones que podrían surgir desde el punto de vista médico. Los pasajes más característicos del discurso del médico son los siguientes:

> La división del amor en dos clases me parece bien.[163]
>
> Los hombres ordenados, y los menos que regulares, solo para conducirlos a un mejor orden, deberían ser indulgentes con este amor (Eros) cuya clase deberíamos preservar. Este es el noble, el amor celestial que brota de la musa celestial. Sin embargo, el amor popular (Eros) proviene de la reina de canciones variadas. Al apelar a él, debemos proceder con precaución para que no se implante el libertinaje con la cosecha de su placer […].
>
> Obsérvese como inclusive el sistema de las estaciones del año está lleno de estas dos fuerzas. Como […] frío y caliente, la sequía y la humedad, cuando son reunidos por el ordenado amor, y adoptan una armonía templada al mezclarse, se convierten en portadores de madura fertilidad y salud para los hombres, animales y plantas y no son culpables de lo malo (οὐδὲν ἠδίκησεν). Sin embargo, cuando el amor de espíritu indiscriminado se impone en las estaciones del año, causa gran destrucción y males (ἠδίκησεν).[164]
>
> De esta forma, el amor concebido como un simple todo, ejerce un poder amplio, fuerte y, en fin, completo: sin embargo, el que es consumado por un buen propósito, temperado y justo […] ejerce el más grande poder de todos y nos proporciona una dicha perfecta.[165]

El punto decisivo parece ser que Eros, si no es libertino, no hace daño, o –como dice Erixímaco– no hace mal. Tampoco aquí se olvida el punto de vista social.

---

[163] *Banquete*, p. 186. Traducido por W.R. M. Lamb, The Loeb Classical Library.

[164] *Banquete*, pp. 187-188. (Lamb).

[165] *Cfr. Banquete*, p. 188. (Lamb).

c) El mito de Eros de Aristófanes. Lo más concluyente para la visión de Eros que ya estaba presente en el banquete de Fedón, es el discurso de Aristófanes. Por ello, el mito, que Platón pone en boca del comediante, estaba destinado no sólo para asegurar el amor homosexual en su forma terrenal,[166] así como su posición respecto a cualquier otra forma de amor, sino también para defenderlo del reproche de ser contrario a la naturaleza. La fantasía más que paradójica de este mito puede ser escasamente explicada de otra forma: ¿por qué otro motivo Platón pudo haber tenido en mente la idea cómica y grotesca sobre los tres tipos de hombres esféricos, con cuatro piernas y brazos, un rostro doble y en particular un doble órgano sexual? En ninguna otra parte expresa su preferencia por la homosexualidad masculina, frente a cualquier otro tipo de erotismo, tan dramáticamente como aquí, donde hace brotar del sol al hombre esférico doble, de la tierra a la mujer doble y de la luna al hombre-mujer. Compara al segundo –ciertamente sin intención– con el hermafroditismo cuando dice sobre el ser doble, compuesto por elementos masculinos y femeninos: "la palabra 'andrógino' solo es conservada como un término de oprobio".[167] Desde que Zeus dividió a los hombres dobles[168] para castigarlos por ser híbridos, brotó de esta especie in-

---

[166] *Cfr. Banquete*, p. 191.

[167] *Banquete*, p. 189.

[168] Justo con este desdoblamiento de los hombres esféricos en dos, aparece claramente el rasgo cómico-grotesco en la descripción de Aristófanes. Zeus los cortó en dos mitades "como una pera que se parte por la mitad para encurtirla, o como se divide un huevo con un pelo". Ahora el hombre debe caminar sobre dos piernas, mientras que antes "también podía rodar a gran velocidad, girando sobre sus cuatro manos y cuatro pies, ocho en total, como volteadores que van de un lado a otro" con las piernas en el aire, porque eran como sus padres, el sol, la luna y la tierra (p. 189). Zeus amenazó con que, si seguían siendo insolentes y no se querían, los dividiría una vez más, de modo que tendrían que saltar sobre una sola pata. La humanidad, que se había dividido por la mitad, tenía cada uno un órgano sexual. Pero las llevaban detrás y, en consecuencia, no podían satisfacer sus impulsos sexuales entre ellos. No sembraron su semilla entre ellos, sino que vivían como saltamontes en la tierra. Zeus se apiadó de ellos y "giró las partes de la generación hacia delante", de modo que "tras la transposición, el hombre fecunde a la mujer, para que mediante abrazos mutuos pudieran reproducirse, y la raza continuara; o, si el hombre llegaba al hombre, pudieran estar satisfechos, y descansar, y seguir su camino hacia el negocio

ferior, de los hombres-mujeres, aquellos que ahora son considerados normales, un tipo de hombres y mujeres que se atraen eróticamente los unos a los otros. Platón no sabía decir sobre ellos más que: "Los hombres que son una sección de esa naturaleza doble, alguna vez llamada andrógina, son amantes de las mujeres. Los adúlteros son generalmente de esta raza y también las mujeres adúlteras que desean a los hombres".[169]

Sin embargo, aquellos que surgieron de los hombres dobles son quienes pueden amar solamente a los hombres porque el amor, en términos de este mito, sólo quiere decir anhelar la otra mitad y unirse a ella. Así:

---

de la vida", p. 191. Por lo tanto, para que los hombres fueran felices, Zeus estaba obligado a dar a sus partes sexuales una inversión, debía convertirlas del exterior al interior. Es la misma idea de una "inversión" radical la que juega un papel decisivo en el mito del "Político", y que es muy característica para la psicología homosexual.

[169] *Banquete*, p. 191. Reizenstein, *op. cit.*, p. 24. comenta que la idea de un hombre doble que representa la unión de un hombre con una mujer y que es dividido en dos seres sexualmente diferentes por Dios al comienzo del segundo periodo del mundo, pertenece a la ideología de la antigua religión persa. Cree posible que el mito de Aristófanes proviene de esta fuente. Sin embargo, el énfasis sobre la descripción que Platón pone en boca de Aristófanes no es respecto al hombre-mujer, sino en la figura del hombre doble. Esto es, seguramente un producto personal de la fantasía de Platón, a través del cual el amor homosexual trató de ser justificado. Tal parece que el mito que Platón pone en boca de Aristófanes encuentra su origen en ideas órficas. Theodor Hopfner, Das Sexualleben der Griechen un Römer, I, núm. 1, 1938, p. 9 y ss, escribe: "De acuerdo con la especulación temprana helenística-griega, el hombre original era hermafrodita porque los dioses originales poseían un sexo doble [...]. Especialmente, los órficas creían en la existencia de deidades andróginas. 'Orfeo enseñó que Dios era un solo hombre-mujer porque, de otro modo, no podría procrear, solo del coito consigo mismo' (Lactant, Inst. div. IV, 8, 4)". Konrad Ziegler, Mensch- und Welt-werden, Neue Jahrbücher für das klassische Altertum, año 16, 1913, primera edición, núm. XXXI, pp. 561-564 sostiene que, de acuerdo con la cosmogonía órfica, el mundo era, originalmente, un gran huevo que comprendía la naturaleza tanto masculina como femenina. El huevo estalló y la mitad superior se convirtió en Urano, el cielo masculino, y la mitad inferior en Gaia, la tierra femenina. Ziegler hace referencia a otra tradición de acuerdo con la cual, las dos partes del huevo-mundo eran Urano y Plutón, dos varones. El intento de Ziegler, sin embargo, por probar el origen órfico de esta versión no es muy convincente. No le asiste mucho la razón al decir (p. 566): "La antropogonía platónica-aristofánica es una repetición de la cosmogonía órfica a menor escala (con referencia al microcosmos)". No es solamente una repetición: es una modificación de la cosmogonía órfica muy característica, característica de la condición física de Platón.

Aquellos que son una sección del varón siguen al varón y cuando son jóvenes siguen siendo fragmentos del hombre original, andan alrededor de los hombres, los abrazan y son ellos mismos los mejores jóvenes porque tienen la naturaleza más varonil. Algunos afirman que son unos desvergonzados, pero no es verdad, porque no actúan así por falta de vergüenza sino porque son valientes y principalmente varoniles. Abrazan aquello que es parecido a ellos. Cuando crecen se convierten en políticos y esto solo es una gran prueba de lo que estoy diciendo. Cuando han alcanzado la edad adulta son amantes de la juventud por lo que no están naturalmente inclinados a casarse o procrear hijos. Si lo hacen, es solo por obediencia a la ley. Sin embargo, están satisfechos si se les permite vivir uno al lado del otro sin estar casados.[170]

En esta caracterización resulta especialmente significante que sólo el homosexual está predestinado a la vida política. Sin embargo, las palabras decisivas que revelan el más profundo y esencial sentido del más extraño de los mitos platónicos pueden hallarse en el siguiente pasaje que es la continuación directa del citado con anterioridad:

La pareja se pierde en un asombro de amor, amistad e intimidad cuando alguno de ellos se encuentra con su otra mitad, la mitad actual de sí mismo, sea un amante de la juventud o amante de otro tipo. Además, no estará fuera de la vista del otro, como puedo decir, ni siquiera por un momento: estas son las personas que pasan toda su vida juntos. Sin embargo, no podrían explicar aquello que desean el uno del otro […].

Supongamos que Hefesto –Platón hace continuar a Aristófanes– con sus instrumentos:

Se acercara a la pareja que yace una al lado del otro y les preguntara ¿qué es lo que quieren el uno del otro? y no fueran capaces de explicarlo. Y, más aún, supóngase que, al ver su perplejidad demandara, ¿Desean ser uno solo? ¿Estar en compañía uno res-

______

[170] *Banquete*, p. 191.

pecto del otro todo el día? Porque, si esto es lo que desean, estoy listo para fundirlos en uno y dejarlos crecer juntos. Así, este ser devendría uno solo y mientras viviera llevaría una existencia común como si fuera un solo hombre. Después de su muerte, en el inframundo, permanecería como una sola alma en lugar de dos. ¿Esto es lo que candorosamente desean? ¿están satisfechos en conseguirlo? No hay un solo hombre que, habiendo escuchado esta propuesta, pudiera negar o no reconociera que este encuentro y fusión del uno con el otro, este devenir en uno solo, es la misma expresión de su antigua necesidad. Y es que la razón se encuentra en que la naturaleza humana era originalmente una y un todo, así como el deseo y búsqueda de su otra mitad se llama amor.[171]

"La pareja que yace al lado de la otra" –si no exclusivamente, al menos también y en primer lugar– es un hombre y su novio. Con anterioridad, Aristófanes ha dicho que los hombres que expresan amor a los jóvenes no estaban, por la naturaleza de sus sentidos, inclinados a casarse y procrear hijos, sino que estaban forzados a ello por el derecho. Ahora, afirma que es la "naturaleza originaria" la que constriñe al hombre hacia el hombre. De la conexión entre las ideas anteriores, se puede apreciar con claridad, en primer lugar, a los hombres que aman a los hombres. Su Eros tiene, sobre todo que ser interpretado como "la búsqueda del todo". Sólo en sus elucubraciones posteriores el discurso de Aristófanes se vuelve tan general que también puede ser aplicado a las otras formas de Eros. Al final dice:

Hablo en serio y por lo tanto debo rogarle a Erixímaco que no se burle o haga cualquier alusión a lo que estoy diciendo a Pausanias y Agatón quienes, como sospecho, son de naturaleza varonil y pertenecen a la clase que he estado describiendo. Sin embargo, mis palabras entrañan una aplicación más amplia –incluyen a los hombres y mujeres por doquier–. Considero que si nuestros amores triunfaran por completo y cada uno regresase a

---

[171] *Banquete*, p. 192.

su naturaleza primigenia, encontraría su verdadero amor y entonces nuestra raza sería feliz.

Concluye el alegato de alabanza a Eros con estas palabras: "Nos restaurará a nuestra naturaleza original (εἰς τὴν ἀρχαίαν Φύσιν), nos curará y nos hará felices y dichosos".[172] Con estas palabras de Aristófanes, Platón intenta alegar enfáticamente que el amor homosexual, al igual que el heterosexual, no es de ninguna manera contrario a la naturaleza como se ha reprochado e inclusive como el propio Platón en su última época lo ha acusado de ser. Es totalmente lo contrario desde que retorna a una "naturaleza original". Para demostrar esto, Platón ha ideado principalmente su mito. Para liberar el amor a la juventud del reproche de ser antinatural ha llegado al máximo extremo posible de la estética, su descripción está en un punto en el que lo trágico casi roza lo cómico y lo serio casi no puede diferenciarse de la broma. Quizá no sin intención, quizá tal vez se trate aquí de una expresión de esta desconcertante ironía platónica por medio de la cual este espíritu particular estaba acostumbrado a expresar justo aquello que era lo más serio para él. Quizá, aquí demuestra la raíz profunda de esta ironía que proviene sólo de la vergüenza que surge en el erotismo, la vergüenza de revelar su último ser, este gesto de vergüenza casi conmovedor de ocultar lo serio por medio de la broma, de gastarse a sí mismo una broma donde uno se avergüenza de mostrar la seriedad, esto es, de mostrarse a sí mismo, lo más íntimo, su ser desnudo.

d) La doctrina del amor de Diotima. La última palabra que Platón tiene que decir en defensa de su Eros no se encuentra por supuesto en el mito irónico de Aristófanes. Es lo que informa Sócrates sobre la doctrina de Diotima por lo que el discurso de Agatón ofrece una pista. A pesar de su modesto papel, Agatón dice algo bastante importante desde el punto de vista de la justificación de la pederastia de Platón. Es de nuevo el reclamo de la hostilidad hacia el Estado contra lo que el discurso del bello y amado joven se dirige. En la

---

[172] *Banquete*, p. 193.

medida en que describe el Eros del hombre-hacia-el-hombre como la expresión de la norma más elevada, que consiste en que lo semejante siempre tiende a lo semejante[173] quiere representarlo como una fuerza legisladora y socializadora.

> Los hechos antiguos acerca de los dioses, sobre los cuales hablaron Hesíodo y Parménides si la tradición sobre ellos es cierta, fueron realizados por Ananké (necesidad) y no por Eros. Si Eros hubiera estado aquellos días, no habría habido encadenamiento o mutilación de los dioses o cualquier otra violencia, sino paz y dulzura, como existe ahora en el cielo desde que el gobierno de Eros comenzó.[174]

Lo más elevado que se puede decir sobre Eros es que:

> Su gran gloria reside en que no puede hacer el mal ni hacer sufrir a ningún dios u hombre. Si sufre, no lo hace por la fuerza, esta no se acerca a él, ni cuando actúa lo hace bajo ella porque todos los hombres en todas las cosas le sirven por propia voluntad y ahí donde existe consenso como dicen las leyes que son las señoras de la ciudad, hay justicia. No solo es justo […].[175]

Este es el núcleo del discurso de Agatón. Concluye que Eros, el Eros sobre el cual se ha hablado en este círculo, es bueno y por lo tanto hermoso. "En consecuencia, sobre Eros digo, Fedro, que es el más justo y bello, así como la causa de lo que es lo mejor y justo en las otras cosas" […] es el mejor y más brillante líder cuyos pasos debería seguir el hombre".[176]

Aquí comienza el caudal de ideas a través de las cuales Platón, como de costumbre bajo la máscara de Sócrates, hace una apoteosis de su Eros a fin de justificarlo para sí mismo, así como para el mundo. Por supuesto, el puente en el diálogo que lleva a Platón de la

---

[173] *Banquete*, p. 195.

[174] *Banquete*, p. 195.

[175] *Banquete*, p. 196.

[176] *Banquete*, p. 197.

posición de Agatón a la de Sócrates, reposa en una fundamentación débil. Sócrates trata de demostrar que Eros no puede ser la exigencia ni de lo bueno, ni de lo bello, porque esto es la demanda de algo y no se puede exigir algo que ya se posee. Eros no puede ser el deseo de lo bueno y bello, esto es falaz. Eros es el deseo, no lo deseado y el deseo de lo bueno y hermoso podría ser bueno y bello. Si no es lo que uno desea –gracias a la personificación del deseo que es representado por Eros–, es el amor por un hombre sobre el cual toda la oratoria ha versado. El amor por el hombre es algo más que el deseo por una cosa, aunque se identifique como el "amor" hacia una virtud, por lo bueno o hermoso. Que la bondad y belleza es negada a Eros porque él mismo es el deseo del bien y la belleza, no constituye una conclusión lógica, sino a lo mucho una analogía que es, inclusive, falsa. Sin embargo, Platón no tiene obviamente como objetivo una argumentación lógica.[177] Ha estado luchando por una justificación moral de su Eros. Su Eros –que Platón sintió profundamente– no pudo soportar la temible alternativa que supone la oposición absoluta entre el bien y el mal. Que este impulso, que va en contra de lo propio y correcto, pudiera ser absolutamente bueno, que en su conjunto y en todas sus expresiones era puro, que de ninguna manera y en ninguna de sus actividades estaba relacionado al mal, poderes malignos y todo lo que dañan estas pasiones que buscan ser superadas, no podría afirmarlo con seguridad. Sin embargo, ¿cómo la naturaleza humana, cómo puede el mundo de nuestra experiencia superar la prueba si la oposición entre el bien y el mal es absoluta? Esta oposición debe ser tomada como relativa, a menos que el hombre y todo su mundo sean condenados moralmente. El hombre y su experiencia del mundo

---

[177] De manera muy astuta, Kurt Hildebrandt, destaca en la introducción a su traducción del *Banquete* de Platón (Phil. Bibl. núm. 81, 5a ed., 1912, p. 16) que: "Sócrates, sin embargo, no procede muy lógicamente según nuestras concepciones, puede deducirse muy fácilmente de su oratoria. De esto se puede concluir que para Sócrates la argumentación lógica no es el objetivo final. Desea introducir la nueva y más grandiosa idea de Eros [...] para esto la lógica es sólo el medio, y una pequeña deficiencia en ella no es tan importante para él: la base y la meta de su existencia está en otra parte".

puede ser concebida no como un bien *o* un mal, sino solamente como un bien *y* un mal simultáneos. Para no estar constreñido a reconocer en cada uno al otro debe renunciarse al intento por creer que ambos son uno solo. Uno no se atreve a preguntar sobre la existencia, esto es, el ser del bien y mal, la existencia buena o mala del hombre y del mundo, porque ambas estarían perdidas. Sólo parece factible la búsqueda del advenimiento a la existencia que conduce del mal al bien. El hombre y su mundo son salvados. Continúan estando excluidos del ser, de la forma existencial del bien absoluto. Sin embargo, la llegada a la existencia a la que pertenecen, y su movimiento hacia el bien asegura la posibilidad del ascenso absoluto. Solo la abolición del terrible dualismo que dividió al mundo platónico y al mismo tiempo una solución al conflicto entre el impulso sentido como pecaminoso y repudiado por la sociedad, y las exigencias morales de esta sociedad, caen en la conciencia de uno. La perspectiva platónica toma un giro optimista y desarrolla una tendencia que de nuevo lleva hacia una conexión con este mundo.

Es Diotima quien ofrece una solución. Ella es la conciencia social y moral que constriñe a Sócrates-Platón a admitir que su Eros no es ni bueno ni bello. Pero respecto a la anhelada pregunta: "¿Qué quieres decir, Diotima, es el amor, entonces, malo y desquiciado? Da una respuesta: ¿calla lo que no es justo? […] ¿lo que no es sabio es ignorante? ¿no ves que hay un punto medio entre la sabiduría y la ignorancia?". Entre el bien y el mal, porque el bien y el conocimiento sobre el bien son, para Sócrates, una misma cosa y, el mal, no es más que la ausencia del conocimiento sobre el bien, es ignorancia. Hay, enseña Diotima, algo que "está entre la sabiduría e ignorancia".

> Excelente opinión.
> No insistas en que lo que no es justo es necesariamente incorrecto o lo que no es bueno, es malo. Tampoco se debe inferir que, puesto que Eros no es justo y bueno, es sucio y malo porque está en un punto intermedio.[178]

---

[178] *Banquete*, p. 202.

Esta es la solución a su problema y la salvación de su alma. Ahora el camino a la justificación suprema de su Eros se encuentra abierto. Esta idea es tan importante y liberadora para Platón, que su Eros es una mezcla entre el bien y el mal, un punto intermedio entre lo terrenal y celestial, incluso si no es un dios, es un demonio. Esta idea es una vez más representada mitológicamente, porque Eros es interpretado como el hijo varón de Poro o Abundancia y Penia o Pobreza. A continuación, el diálogo se dirige rápida y hábilmente a la objeción más severa formulada contra el amor del hombre-hacia-el-hombre, una objeción que siendo anciano el propio Platón formula hacia la pederastia en sus "Leyes" la cual consiste en que no es una forma reproductiva de amar. Y, justo aquí, el "Banquete" se muestra a sí mismo como un panfleto apologético que, en su clímax, no enseña otra cosa, no tratará de probar algo más, con el mayor ímpetu y temperamento, que el Eros platónico, al igual que al amor entre el hombre y la mujer es productivo, más aún, que es un amor fructífero y productivo en un sentido más elevado que este.

Con este objetivo, Platón debe primero extender el concepto de Eros de tal forma que el amor sexual deviene solo un caso especial de amor, el cual define como el deseo por el bien y la búsqueda de la felicidad. Eso cree para reparar la falacia que cometemos cuando "una parte del amor es separada y recibe el nombre del todo".[179] El objetivo de todo amor es la felicidad. Sin embargo, ser feliz sólo es posible al ser bueno. "Porque no hay nada que el hombre ame más que el bien".[180] Aquí también no debe buscarse la lógica, sino tener presente sólo el propósito argumentativo. Ya se ha indicado en "Lisis" que como todo amor el objetivo del amor platónico es el bien.

La extensión del concepto de Eros más allá de lo inmediatamente sexual, su espiritualización es la presuposición esencial necesaria para conectar este con otra forma que va más allá de una simple forma física de procreación. Platón, y este es el punto decisivo de este

---

[179] *Banquete*, p. 205.

[180] *Banquete*, p. 206.

argumento, coloca al lado de la "procreación física" la "procreación en el alma"; junto a la reproducción somática, espiritual, a la perpetuación material, la inmortalidad del alma. Este giro tiene lugar en la conversación entre Diotima y Sócrates:

> Bueno, dijo ella, te enseñaré: el objeto que tienen en mente nace en la belleza, sea del cuerpo o alma […] Haré más claro lo que digo […] quiero decir, que todos los hombres lo hacen nacer en sus cuerpos o almas. Hay una cierta época en que la naturaleza humana está deseosa por procrear –esto debe hacerse en la belleza y no en la deformidad–. Esta procreación, la unión del hombre y la mujer, es algo divino. Por tal motivo, la concepción y la generación son principios inmortales en la criatura mortal y nunca deben estar en discordancia. Sin embargo, lo deforme siempre está en discordancia con la divina y hermosa armonía. La belleza es entonces la destinataria o diosa del parto que preside el nacimiento. Por lo tanto, al acercarse a la belleza, la potencia procreadora es propicia, difusora, benigna, engendra y fructifica. Frente a lo abominable frunce el ceño, se contrae y tiene una sensación de dolor, se aleja, se encoje y no sin una punzada de dolor se abstiene de concebir. Esta es la razón por la cual, al arribar la hora del alumbramiento la naturaleza está rebosante, hay tal revoloteo y éxtasis por la proximidad de la belleza que es el alivio de las labores de parto. Porque el amor, Sócrates no es como imaginas solamente el amor a la belleza.
> ¿Entonces qué es?
> El amor por la procreación y el nacimiento en la belleza.
> Sí –dijo–.
> Sí, de hecho –replicó–.
> ¿Pero, porque la procreación?
> Porque para la criatura mortal la procreación es una especie de eternidad e inmortalidad –replicó–. Y si, como se ha admitido, está en la posesión eterna del bien, todos los hombres desean necesariamente la inmortalidad junto con el bien. Por lo tanto, el amor es la inmortalidad.[181]

---

[181] *Banquete*, p. 206.

Puesto que se afirma que la inmortalidad es el sentido de la procreación, la procreación espiritual, a la que toda esta argumentación apunta, tiene asegurada su precedencia frente a la somática. Sin embargo, respecto a la segunda sólo puede haber una "inmortalidad" en un sentido muy diferente de la palabra. La procreación espiritual está ligada al Eros platónico y solo a él, no al amor inferior por el otro sexo. Platón enfatiza que el amor homosexual es una "procreación" y "parto" a través del cual se alcanza la inmortalidad espiritual. Al efecto, al igual que antes con el concepto de amor, el concepto de procreación que persigue la inmortalidad es definido de una manera peculiar. Existe un "derecho de sucesión", dice Diotima:

> Por medio del cual todas las cosas son preservadas, no exactamente iguales, sino a través de la sustitución, cambiando la vetusta y gastada mortalidad por otra existencia nueva y similar –a diferencia de la divina que siempre es la misma y no otra–. En ese sentido, Sócrates, el cuerpo mortal, o cualquier objeto mortal, participa de la inmortalidad, sin embargo, de otra manera. No te maravilles por el amor que todos los hombres tienen por su descendencia porque el amor e interés universal es por el bien de la inmortalidad.[182]

Por este medio el hombre, en consecuencia, deviene inmortal pues abandona algo que le pertenece que es de su clase. Esto es verdad, tanto para la procreación espiritual y corporal. Así, Diotima proporciona un ejemplo de esta procreación que persigue la inmortalidad. Le dice a Sócrates:

> Piensa solo en la ambición de los hombres y te sorprenderás de la insensatez de sus caminos, a menos que consideres como son movidos por el amor a la inmortalidad de la fama. Se encuentran prestos a correr riesgos de todo tipo y aún mayores de los que hubieran tomado por sus hijos, a gastar dinero y someterse a toda clase de trabajos e inclusive a morir por el beneficio de dejar detrás de ellos un nombre que fuera eterno. ¿Imaginas que

---

[182] *Banquete*, p. 208.

Alcestis habría muerto por salvar a Admeto, Aquiles por vengar a Patroclo o el propio Codro con el objetivo de preservar el reino para sus hijos, sino hubieran imaginado que la memoria de sus virtudes, que aún sobrevive entre nosotros, fuese inmortal? No –dijo ella– estoy convencida que todos los hombres hacen todas las cosas, y cuanto mejor son más las hacen, con la esperanza de la gloriosa fama de la virtud inmortal. Por desear lo inmortal. Aquellos que están embarazados solo en el cuerpo se unen a las mujeres y engendran hijos, este es el carácter de su amor. Su descendencia, como esperan, preservará su memoria y les darán en el futuro la bendición e inmortalidad que desean. Sin embargo, las almas que se encuentran embarazadas, porque ciertamente existen hombres que son más creativos en sus almas que en sus cuerpos, conciben aquello que es propio del alma concebir.[183]

Aquél cuya alma ha quedado embarazada, y desea procrear en el alma, es el hombre que no se dirige hacia las mujeres, sino hacia los hombres. Esto es asumido como autoevidente más que estar expresamente enfatizado.

Quien en su juventud lleva la semilla sembrada y se encuentra inspirado, al llegar a la edad adulta desea engendrar y procrear [...] puesto que en la deformidad no engendrará nada, naturalmente abraza aquellos cuerpos bellos antes que los deformes, sobre todo cuando encuentra un alma noble y bien nutrida, abraza a los dos en una sola persona.[184]

Esta es el alma y cuerpo de un joven hacia el cual, este hombre preñado en su alma, quien no desea procrear en el cuerpo sino en el alma, se siente atraído. Esto se desprende del punto que se describe a continuación:

[183] *Banquete*, p. 208.
[184] *Banquete*, p. 209.

A este se le llena la boca sobre la virtud, naturaleza y afanes de un hombre bueno que trata de educar. Al contacto de la belleza, que está siempre presente en su memoria, aún cuando se encuentra ausente, hace brotar lo que había concebido hace tiempo. En compañía de él, va hacia adelante. Están unidos por un lazo y tienen una amistad mucho más cercana que va más allá de la que los que engendran hijos mortales porque los que son su descendencia son más justos e inmortales. ¿Quién, cuando se piensa en Homero, Hesíodo y otros poetas, no preferiría tener unos hijos así antes que los humanos ordinarios? ¿Quién no quiere emularlos en la procreación de hijos como estos que han preservado su memoria y dado gloria eterna?[185]

Puesto que Platón coloca la procreación psíquica en paralelo a la somática, puede interpretarla, al igual que esta, como una función de Eros. Solo a través de ella se puede procrear. Como el amor entre el hombre y la mujer conduce a la procreación y apoyo de hijos materiales, el amor del hombre hacia el hombre –aquí el carácter sexual se muestra claramente– conduce a la procreación y cuidado de hijos espirituales, obras inmortales. El amor a los jóvenes bellos preserva, igualmente, el esfuerzo creativo del hombre que ama y permite dar a luz a "aquello que ha concebido tiempo atrás". Claramente, como se puede observar de los pasajes citados, Platón no se conforma con comprobar que su Eros no es menos creativo que el del hombre y la mujer. Está convencido y desea persuadir a los demás, que su Eros permanece como un amor procreador y productor, en un nivel más alto que la relación sexual normal. Las obras espirituales son mucho más valiosas que los hijos mortales: Porque muchos monumentos, sí, templos, se han levantado en honor a grandes hombres en beneficio de sus hijos espirituales que nunca se han erguido en honor de nadie, en beneficio de ninguno de sus hijos mortales.[186]

En este punto, Platón –como en muchos otros de su teoría sobre Eros– ha dado un paso más allá del "Fedro". En este diálogo, Eros no

---

[185] *Banquete*, p. 209.

[186] *Banquete*, p. 209.

es un simple "demonio", sino también un Dios, aunque aquí también. Eros es observado entre el bien y el mal. En el "Fedro", el énfasis yace claramente en el bien y el mal; el mal en él, el componente sensual, pesa menos que en el "Banquete", es condenado con más suavidad. Estar enamorado es denominado "locura"; esta, sin embargo, no es representada como algo completamente negativo, sino como algo relativo, como una locura divina. "Podría ser así, si la locura fuera simplemente un mal. Sin embargo, existe también una locura que es un don divino y la fuente de las principales bendiciones concedidas a los hombres".[187]

Tal bendición divina es la locura del amor. El "regalo" es el símbolo de la reconciliación entre Dios y el hombre. Eros coloca al hombre en un estado de locura divina y así lo conduce cerca de Dios, es muy similar al "Banquete" un punto intermedio entre lo divino y lo humano. La locura del amor es interpretada por Platón, en un esfuerzo por justificar en el "Fedro", como una recolección de la eterna belleza, el bien absoluto, experimentado por el alma en el más allá de su existencia corporal. Por lo tanto, lo coloca en un plano al verdadero conocimiento que explica –en el Menón– como una remembranza de la verdadera esencia de las cosas vistas por el alma en su preexistencia. La vista de la belleza y, por lo tanto, del hombre amado recuerda al amante "la verdadera belleza" de la que partió en el más allá antes de nacer: cada alma de los hombres, en su camino a la naturaleza, ha contemplado el verdadero ser. Esta fue la condición de su paso a la forma de hombre. Sin embargo, no todas las almas recuerdan fácilmente las cosas del más allá.[188]

Platón distingue dos clases de amor de acuerdo con el grado de su recuerdo:

> Ahora, quien no está recién iniciado o se ha corrompido, no se eleva con facilidad de este mundo hacia la vista de la verdadera belleza en el otro. Mira a su homónima terrenal y, en

---

[187] *Fedro*, p. 244.
[188] *Fedro*, p. 249.

lugar de asombrarse frente a su vista, se entrega al placer y, como una bestia bruta se apresura a disfrutar y engendrar hijos (παιδοσπορεῖν). Se codea con los libertinos y no teme ni se avergüenza de perseguir el placer en contra de su naturaleza. Pero aquel cuya iniciación ha sido reciente y ha visto muchas glorias en el otro mundo, se asombra cuando mira a alguien que posee un rostro bello o una forma física que es la expresión de la belleza divina. Al principio lo recorre con escalofrío y de nuevo el antiguo amor lo roba. Luego, al mirar el rostro de su amado como si se tratase de un dios, se reverencia y si no temiera ser considerado como un loco se sacrificaría a su amado.[189]

El amado es, sin duda alguna, como puede verse de lo que sigue, un joven. Sólo frente a la vista de la belleza de un joven, las plumas del amante brotan, permitiendo a su alma que le crezcan alas. Es el Eros homosexual el que Platón tiene en mente aquí y es el fuego sensual –como vimos antes– el que describe con tal sentimiento en el "Fedro" y juzga con tal tolerancia. Cabe admitir, sin ninguna duda, que Platón aquí sitúa al amor homosexual como lo más fácil y mejor recordado de aquello que se ve en el más allá. El amor a la bella juventud es, desde el punto de vista de esta teoría de la remembranza, la forma de amor más elevada en oposición al amor sexual normal. Este último es el vestigio en un hombre que se acuerda peor y con menos facilidad de lo visto en el más allá y, por lo tanto, no puede avanzar rápidamente de aquí hacia allá, a la belleza misma. Es más difícil para el amor heterosexual normal recordar las cosas del más allá, partiendo del aquí y ahora. De hecho, con una significativa audacia, Platón da directamente la vuelta a la estimación común de lo sexual y deprecia el amor heterosexual en comparación con el homosexual como bruto y contra natura.[190]

---

[189] *Fedro*, pp. 250-251.

[190] Bruns, *op. cit.*, p. 21 y ss, sostiene respecto al "Fedro", con "sorpresa", que aquí Platón aborda la esencia del amor en general, pero habla solamente del amor homosexual. Solo podemos constatar la omisión y llegar a la conclusión de que en las deliberaciones de Platón que conducen a la teoría del "Fedro", el amor entre diferentes sexos es ignorado por completo. Esta unilateralidad es históricamente com-

Que el "método correcto de amor a los jóvenes" (ὀρθῶς παιδεραστεῖυ) sea, en el sentido más amplio de la palabra, un amor "procreador" y "productivo", no es la más grande justificación de acuerdo con el Platón del "Banquete". Es Diotima quien desvela el último secreto del amor. Señala los pasos en el camino que conduce a la meta más elevada de toda filosofía verdadera, la cumbre más alta del verdadero conocimiento, la visión del bien absoluto. Y, el último paso en este camino es la candorosa vista del bello cuerpo de un joven.

Aquel que desee proceder correctamente en esta empresa no sólo debe comenzar desde su juventud a hallar cuerpos hermosos. En primer lugar, de hecho si su juicio lo guía adecuadamente, debe enamorarse de un cuerpo en particular y cultivar una bella conversación con él.[191] Sin embargo, la afectuosa mirada al bello cuerpo de un joven conduce más allá del amor a las formas bellas como tal, al conocimiento asociado a lo bello, esto es, al buen camino de la vida, hasta el último peldaño de la visión: lo eternamente bello que aquí, en una forma más significativa para la filosofía del amor del "Banquete",

---

prensible, Pausanias y Fedro en el "Banquete" y, después, Jenofonte, creen hablar del amor como tal, pero sólo tratan la forma pederasta. Sólo el amor a la juventud les interesa a estos hombres, el amor hacia las mujeres no plantea algún problema. En el "Banquete", sin embargo, dice Bruns quien considera que este es una obra tardía, Platón completa la omisión que ocurre en el "Fedro". Cuando en el "Banquete" aborda el tema de nueva cuenta, ha roto completamente con su primera explicación. En particular, ahora desarrolla la teoría del amor "no con referencia al amor homosexual, sino al amor entre los diferentes sexos". Esto no prueba que sea correcto. En el "Fedro" no ignora de ninguna manera al amor sexual normal, pero –como se ha visto en líneas superiores– lo menciona expresamente, sólo para calificarlo como un derecho animal. Jenofonte no sólo lo menciona, sino que culmina su "Banquete" con una apoteosis de este Eros. Aquí se encuentra el punto contra la "unilateralidad" de Platón que, actualmente, no puede ser explicada histórica sino psicológicamente. Esta "unilateralidad" no está menos destacada en el "Banquete" que en el "Fedro". A decir verdad, reconoce, en el "Banquete", la función de procreación como esencial al amor y, por lo tanto, comienza aparentemente sus consideraciones respecto al amor sexual normal, pero sólo con el propósito de justificar la forma homosexual como la más alta manera de amor procreador. En el "Banquete", también, el Eros de Platón es idéntico al amor a la juventud.

[191] *Banquete*, p. 210. (Lamb).

se equipara al bien absoluto.[192] La visión sólo está reservada para aquellos quienes intentan ascender por el sendero del Eros amante de la juventud.

> Así, cuando un hombre a través del método correcto de amor hacia los jóvenes (ὀρθῶς παιδεραστεῖυ) asciende desde estas peculiaridades y comienza a describir esta belleza, es casi capaz de aprehender el secreto final. Tal es la aproximación correcta o inducción que concierne al amor. Empezando por las bellezas evidentes, debe subir siempre en aras de la belleza más elevada, como por los peldaños de una escalera, de uno a dos y de dos a todos los cuerpos bellos. A partir de la belleza personal, pasa a la observación de la belleza, de esta al aprendizaje de lo bello y de esto, por último, al estudio particular relativo a la belleza misma y solo de ella. De esta forma, al final, llega a conocer la verdadera esencia de la belleza.[193]

¡Qué cambios de punto de vista yacen entre el "Gorgias" y el "Fedón", por una parte, y el "Banquete" y el "Fedro", por la otra! El

---

[192] Es Diotima quien afirma esta identidad entre el bien y la belleza. En su conversación con Sócrates, esta perspectiva es llevada a la madurez. Eros es el amor a la belleza. "Cuando un hombre ama la belleza, ¿qué desea?". A lo que Sócrates responde: "Que la belleza sea suya". Diotima pregunta: "¿Qué se da a través de la posesión de la belleza?". La respuesta debería ser que la posesión de la belleza da la felicidad. Con el objetivo de obtener la respuesta fácilmente, Diotima afirma que es mejor sustituir la palabra "bien" por "belleza" porque presupone ambas como idénticas. "Entonces", dice, "permíteme colocar la palabra "bien" en lugar de belleza, y repite la pregunta una vez más: ¿si aquel que ama, ama al bien, qué es entonces lo que ama? ¡La posesión del bien! Dijo. "¿Y que gana quien posee el bien? ¡La felicidad!". Insisto, es menos difícil responder esta pregunta. "¡Sí!", dijo, "lo feliz gana la felicidad por la adquisición de cosas buenas. Tampoco es necesario preguntarse por qué el hombre desea la felicidad, la respuesta es ya definitiva". *Banquete*, pp. 204-205.

[193] *Banquete*, p. 211. (Lamb). La continuación de este pasaje conduce a lo siguiente: "En este estado de vida, por encima de otros, mi querido Sócrates, dijo la mujer, un hombre encuentra, ciertamente, que vale la pena vivir, al contemplar la belleza esencial. Esto, una vez contemplado, eclipsará tu oro y ropaje. Tú y muchos otros, frente a esta visión, estarán dispuestos a prescindir de la comida y bebida si fuera posible, para contemplarlos y estar en su compañía. Sin embargo, dime, ¿qué pasaría si uno de ustedes se infectara con la carne y color de la humanidad y demás basura mortal?".

cuerpo, con su sensualidad, no pertenece simplemente al mal terrenal, el sepulcro del alma celeste, la carne que mortifica al filósofo, que tiene que abandonar tan pronto como sea posible para alcanzar su propósito. Este cuerpo es ahora la presuposición indispensable para alcanzar el objetivo. El amor a él es ahora el primer paso y más significativo en el camino hacia el bien, un paso en la tierra con el que comienza la "peregrinación hacia el cielo"[194] porque con el amor al cuerpo lo mejor de la vida terrenal, el verdadero conocimiento, es establecido. El verdadero conocimiento es sólo el recuerdo de aquello que alma vio en el más allá. Esta es seguramente la glorificación más elevada del amor. Más tarde, la cristiandad santificó, en la imagen de la sagrada Virgen, el amor del hombre hacia la mujer y madre. Platón enarboló el amor del hombre hacia el hombre, su Eros pederasta en el cielo de la metafísica. Justificó para sí mismo su Eros que lo afligió más de lo que sus diálogos revelan y, así, también lo ha justificado para el mundo y, con ello, ha justificado moralmente al mundo para sí mismo. Para él, Eros fue el puente y camino para justificar el mundo. Eros, que Diotima le reveló como el ser demoniaco entre Dios y el mundo, entre el bien y el mal. A la pregunta de Sócrates sobre la naturaleza real de Eros, responde: "Un gran demonio y, como todos los demonios, se encuentra en un punto intermedio entre lo divino y lo mortal […], es el mediador que salva el abismo que los divide y, por lo tanto, todo está unido por él".[195] Lo que divide al mundo platónico, lo une de nuevo. Eros ha creado el chorismos, Eros lo ha disipado.

Con esto, el dualismo platónico asume un carácter optimista. La filosofía platónica, con la tendencia a relativizar sus puntos de vista sobre el bien y el mal, toma una dirección que conduce, de nuevo, a este mundo y, por lo tanto, a una unificación de la imagen del mundo que ahora comprende también la naturaleza, la cual ya no sólo se interpreta éticamente, sino que se concibe como una realidad existente

---

[194] *Fedro*, p. 256.
[195] *Banquete*, p. 202.

que no es exclusivamente mala. Esta dirección conduce principalmente a una actitud positiva hacia el Estado y sociedad.

II. Cratos

11. La voluntad socrática de poder

Es de gran significancia que Platón, aún en el discurso de Diotima, pone de manifiesto el carácter social de su Eros que se yergue sobre el reproche de ser antisocial. A través de la boca del vidente deja entrever que los hijos más bellos, producidos en el alma por Eros, no son la poesía o las obras pictóricas de arte, sino más bien las órdenes sociales, las constituciones estatales, el derecho, así como las obras de justicia. "Pero la clase de sabiduría más grande y justa es" –aquella que el alma es proclive a procrear y concebir– "por mucho la que se ocupa de ordenar los Estados, las familias; la cual es llamada templanza y justicia".

Y entre los "hijos inmortales" que son tenidos más valiosos que los terrenales, se encuentran las leyes de Solón y aquellos hijos que: "Licurgo dejó detrás de sí para ser los salvadores, no solo de Laconia sino de la Hélade".[1]

Esta es una declaración muy personal de Platón, ya que entre los hijos que su Eros quería engendrar a través de él se encontraban: una educación correcta de la juventud, las mejores normas y un orden estatal justo. Aquí se revela con mayor claridad la interconexión entre el Eros platónico y su voluntad de poder sobre el hombre, entre su pasión erótica y su pasión política-pedagógica.[2]

---

[1] *Banquete*, p. 209.

[2] Hildebrandt: Übersetzung von Platons Gastmahl (Philos. Bibl. núm. 81, 2a ed., introducción, p. 37): "Cuando Diotima habla de la creación espiritual, no pone el

Platón podría haber visto en Sócrates esta conexión entre Eros y Cratos o, por decirlo de manera más clara, se vio a sí mismo y describió en Sócrates porque el impulso por dominar ya se encuentra escondido profundamente, en la manera de amar a la juventud de Sócrates. "El sabio amante" –este es un punto que Sócrates afirma haber entendido– "no elogia a su amado sino hasta que lo ha ganado". Ya que desea hacer al amado "dócil" y evitar que se llene "de un espíritu de orgullo y vanagloria" que lo conduciría al rechazo. Platón hace hablar a Sócrates de esta forma en "Lisis".[3] Posteriormente, brinda un ejemplo al amado Hipotales en la charla con Lisis sobre cómo tratar al amado. Al respecto, dice: "Esta es la forma, Hipotales, en la que deberías hablar a tu amado, humillándolo y empequeñeciéndolo y no como lo haces, lisonjeándolo y malcriándolo".[4]

Por doquier, uno recibe la misma impresión respecto a la técnica amorosa de Sócrates. Así, en la descripción que Alcibíades da en el "Banquete" no es un elogio puro y sin reservas el que el joven, ebrio y orgulloso, más bien indiscreto, proporciona del hombre "individual" quien: "es aficionado de lo justo […] siempre está y es golpeado por ellos". Sin embargo, pasa su vida "burlándose y mofándose" de todos aquellos[5] a los cuales engaña: "comenzando como su amante, ha terminado dedicándoles sus discursos".[6]

Alcibíades se sintió avergonzado, en presencia de este hombre, como nunca se había sentido frente a ningún otro.[7] Lo acusa de "altanería",[8] quien parece ser tan modesto y, finalmente, tiene que

---

énfasis en los poetas y artistas, sino en la legislación. Las leyes de Licurgo las llamó las salvadoras de Grecia. Aquí, es el mismo Platón quien habla, Platón, cuya alma estaba empapada de su 'República'. Platón quien aún tiene la esperanza de ser el salvador de la Hélade".

[3] *Lisis*, p. 206.

[4] *Lisis*, p. 210.

[5] *Banquete*, p. 216.

[6] *Banquete*, p. 222. Lamb (The Loeb Classical Library) traduce: "[…] su forma de amar es tan engañosa, que podría ser más su favorito que su amante".

[7] *Banquete*, p. 218.

[8] *Banquete*, p. 219 y 222.

confesar que: "Estaba al límite de mi ingenio. Nadie estuvo jamás más desesperadamente esclavizado por otro".[9]

Seguramente este Eros desea humillar y minimizar al amado al mostrarle que no sabe ni comprende nada. Esto romperá la autoconfianza del amado al hacerlo consciente de su apremiante necesidad por el amante quien demuestra la insignificancia del amado (y con este hecho, su propia superioridad). Evidentemente, Sócrates el burgués, desea humillar y minimizar a los jóvenes aristócratas que atrae a su alrededor. Por lo tanto, elogia a la humildad como virtud. Y él mismo coloca sobre sí esta virtud porque al hacerlo experimenta su triunfo más grande. Quizá, al igual que su humildad es tan solo una máscara, su Eros es una especie de cebo para ganar admiradores obedientes y ciegos entre la juventud dorada de Atenas.

Esta necesidad por el poder sobre los hombres revela también por completo la actitud intelectual de Sócrates, hasta donde somos capaces de reconstruirlo, a partir de los escritos de Platón y Jenofonte. Sin duda, siempre está hablando de la sabiduría y tratando de impresionar por medio de discusiones puramente teóricas. Sin embargo, no solamente intereses objetivos pueden determinar a las segundas. El hecho de que estas discusiones carezcan por completo de resultados que posean un completo carácter crítico y negativo, demuestra claramente que, más bien, estaban involucrados intereses personales. El único objetivo que Sócrates perseguía en sus múltiples conversaciones es subyugar a su oponente con la dialéctica formal de su juego de destreza de preguntas y respuestas. Cuando ha demostrado que su oponente no sabe nada, no le molesta en lo más mínimo, es más le produce placer, confesar que él tampoco sabe nada. Si el deseo apasionado de Sócrates era –como se ha comentado acertadamente– ganar adeptos,[10] este es entonces el tipo de credo más atípico al que se ha querido convertir a los hombres: el credo del no saber. En

---

[9] *Banquete*, p. 219.
[10] E. Howald, Platons Leben, 1923, p. 24.

efecto, ha insistido con un "dogmatismo enfermizo".[11] Y, únicamente por el hecho de que fue capaz de subyugar a todo aquel que estaba a su paso, triunfó en conquistar a los jóvenes admiradores que conformaban su público. Así, no se opuso a ninguna doctrina en particular, simplemente se enfrentó a todas ellas. En particular, combatió a la elite de la sociedad ateniense y su ideología democrática. Este hecho pudo haber contribuido al éxito que tuvo en los círculos aristocráticos y también, en última instancia, lo que lo condujo a su destino.[12] El que Sócrates ampliara su oposición a los sofistas y en particular se refiriese a su arrogancia intelectual, es de lo más paradójico, porque él mismo, con su método de disputa, se encontraba lejos de ser diferente de los sofistas. Su método era el de la revelación, su placer era el de arrancar la máscara a su adversario, el de desilusionar, sobre todo el de destruir la ilusión de la democracia. En el primer "Alcibíades" (cuya autenticidad ha sido negada, pero que ahora parece haber sido reconocida por buenas razones),[13] Platón hace decir a Sócrates sobre la democracia ateniense, cuyo favor está siendo cortejado por el ambicioso Alcibíades: "Porque el gran corazón de Erecteo es de un aspecto justo, pero deberías verlo desnudo".[14]

Sin embargo, este mismo destructor de ilusiones no estaba exento de ellas. Aquello que lo separó de los sofistas fue que trató de emplear su método altamente racionalista con un propósito altamente irracional. Lo que ellos negaban era exactamente aquello en lo que él creía y cuya existencia de nuevo afirmaba: el valor absoluto, el bien, la justicia. No obstante, no probó esto, no pudo probarlo con su método racional y, en última instancia, admitió que no puede ser demostrado. Este es seguramente el verdadero motivo por el que su no saber al que le hubiera gustado conocer no podía conocer, porque se encontraba más allá del dominio racional al que su método, que

---

[11] E. Howald, Die Anfänge der europäischen Philosophie, 1925, p. 106.

[12] U. Wilamowitz-Moellendorff, Platon I, p. 5.

[13] Friedländer, Der Große Alcibiades. Ein Weg zu Platon, 1921.

[14] Alcibíades I, p. 132.

hacía frente a conceptos racionales, estaba limitado. Por eso, nunca trató de establecer ningún tipo de doctrina positiva. Al menos nunca le pareció que valiera la pena escribir una para legar a la posteridad. Como en el fondo él no deseaba otra cosa que influir a los hombres a través del efecto inmediato de sus palabras, sólo se impuso como hombre, a través de su propia humanidad.

12. La virtud es conocimiento: una ideología de la paidea

Que en Sócrates –o, lo que es lo mismo, en el joven Platón– el deseo de dominar a los hombres era más fuerte que la necesidad de conocer el mundo se muestra con mayor claridad por la tesis particular que sostiene enfáticamente y que forma el centro de toda la ética socrática: la virtud es conocimiento. Esta famosa tesis resulta tan singular ya que aunque luce profundamente sofista es sostenida por un antagonista tan radical de los sofistas como lo es Sócrates. Luce tan sofista ya que parece tan profundamente racional, pero es –al menos con Sócrates– un argumento circular.[15] Así, para él la virtud es el bien o lo justo y, bondad y justicia, en tanto objeto de conocimiento, no pueden ser consideradas como definidas tan luego como el objeto de este conocimiento es indeterminado. Existen muchas formas de conocimiento que obviamente no tienen nada que ver con la virtud, con el bien o lo justo. Por ejemplo, un conocimiento perfecto en química. No existe ningún conocimiento, tan sólo el saber de un objeto específico que puede ser identificado con la virtud, esto es, con el bien o lo justo. Sin embargo, a la pregunta sobre el objeto de este conocimiento que es idéntico a la virtud, al bien, a lo justo, no se puede dar otra respuesta que el bien o lo justo. La virtud es el saber de la virtud, el bien el saber del bien. Y él es el único que conoce qué es lo justo. Pero todavía más peculiar que el hecho de que un pensador tan agudo como el propio Sócrates se contentara con tal resultado, es la obvia inconsistencia que la simple experiencia cotidiana demuestra de que la identificación del conocimiento con la virtud es un error. La vida

---

[15] Al respecto, *cfr.*, Paul Natorp, *Platons Ideenlehre*, 2a ed., 1921, p. 189.

muestra, como siempre lo ha hecho, que es de poca ayuda saber lo que uno debe hacer, si se es tan débil de voluntad para hacerlo. Que el espíritu pueda ser fuerte, mientras que la carne débil, no puede ocultarse aun para el entendimiento más simple. La tesis socrática de que ninguno hace el mal intencionalmente porque quien conoce el bien también lo desea parece ser el resultado de una exagerada experiencia que ignora lo intelectual. Pero es tan exagerada para ser considerada como tal. El dogma socrático de la virtud como conocimiento es –en realidad– la expresión de la primacía de lo práctico sobre el razonamiento teórico. Que alguien que conoce el bien también lo desea, podría ser creído sólo por aquel para quien no existe un saber independiente de la voluntad, para el que todo conocimiento sirve únicamente para hacer actividades adecuadas, porque la teoría es considerada sólo como un medio para la práctica. Si Platón y especialmente Sócrates, sostuvo esta doctrina de la identidad entre virtud y conocimiento fue porque esta suministraba una justificación para sus actitudes psíquicas básicas. Y esta actitud estaba caracterizada por el hecho de que su voluntad de poder, su deseo por dominar por encima de los hombres era más fuerte que ninguna otra tendencia. En Platón, justo como en Sócrates, se encontraba una clara supremacía de la voluntad sobre el conocimiento. Solo aquél cuya voluntad tiene primacía sobre su conocimiento está inclinado a soportar –teóricamente– la virtud en el conocimiento. Aquél cuyo componente intelectual es más fuerte que sus emociones, quien está más interesado en comprender el mundo que en gobernarlo y, en consecuencia, busca el verdadero conocimiento, esto es, el saber independientemente de la voluntad, él cuya estructura psíquica está caracterizada por la tendencia hacia la supremacía del conocimiento sobre la voluntad, está siempre inclinado a sustentar –teóricamente– la virtud en la voluntad. Así, la voluntad y el saber se barajan –por así decirlo– la virtud el uno al otro (se arrojan la culpa de la virtud el uno al otro). Esto no es solamente paradójico. Puesto que un conocimiento puro y verdadero es consciente de sus limitaciones y en consecuencia no pretende ser la base de la virtud. La voluntad como voluntad de poder, sin embargo, necesita una legitimación al hecho problemático de que unos hombres dominan sobre otros; la encuentra en la idea de que dominar a los hombres significa mejorarlos, esto es, cambiarlos del mal al bien, hacerlos virtuosos y, por lo tanto, felices. De esta manera, la felicidad debería ser idéntica a la virtud porque una vida feliz sólo puede ser una virtuosa y, en consecuencia, la virtud debería transferirse del dominante al dominado. No obstante, lo que es transferible no es ni la voluntad ni el sentir. Por lo tanto, la virtud debe ser el conocimiento, debe ser enseñable. Esto guía la proposición básica para la justificación de la pedagogía socrática.

Así, la paideia es la forma social a través de la cual el Eros de Sócrates despliega su voluntad de poder. No busca doblegar y formar la voluntad de los adultos, no desea gobernar. La educación de la juventud, no el gobierno, es su único objetivo. Al igual que su Eros, su voluntad de poder en el fondo estaba estropeada. De esta forma, sus logros permanecieron estancados en la pedagogía. Sócrates siempre estuvo afirmando que no quería tener nada que ver con el Estado, que no estaba interesado en la política.[16] El hecho de que, no obstante, tuviera un presumible efecto político iba más allá de sus directas intenciones. Sin embargo, no dudó en extraer de su dogma básico que la virtud es un conocimiento enseñable, la consecuencia antidemocrática de que cada uno tiene que practicar solamente aquello que ha aprendido; que gobernar es algo aprendido, tanto como reparar zapatos o zurcir ropa y consecuentemente los hombres que son solo zapateros y sastres no están llamados a mandar. Aún en su forma espiritual más profunda, "conócete a ti mismo", este dogma está abierto a una interpretación dirigida contra la democracia. Desde esta perspectiva, también, la conclusión puede ser extraída, la virtud en tanto conocimiento de uno mismo consiste en hacer lo que a cada uno corresponde, esto es, el zapatero debe atenerse a su horma.[17]

---

[16] *Cfr.* Werner Jäger, Platons Stellung im Aufbau der griechischen Bildung. Die Antike, IV, 1928, p. 166.

[17] Al respecto, *cfr.* Wilamowitz-Moellendorff, *op. cit.*, p. 200.

Sin embargo, a pesar de su influencia política, Sócrates no era un hombre de Estado, sino un pedagogo. Y, como tal, su figura ha pervivido en la historia de la civilización. Es la tendencia pedagógica básica de su pensamiento la que explica el carácter puramente ético de sus especulaciones. Si Sócrates, ignorando por completo la ciencia de la naturaleza, puso su esfuerzo, solamente, en sentar las bases teóricas de una ética –un esfuerzo en vano ya que no es posible sobre una base puramente racional– se debió a que, también, la paideia representa una relación de dominación y porque esta relación, la autoridad pedagógica, tampoco es posible sin una justificación ética. Así, la voluntad del educador, de igual forma, si quiere ser impuesta sobre el que debe ser educado tiene que probar ser justa. Pero, como una ideología de la paideia, la justicia permanece para Sócrates como una virtud puramente personal. Si la justicia refiere al Estado, se conforma con identificarla con el ordenamiento jurídico positivo.

13. El demonio

Como en cada relación de superioridad y subordinación, la pedagógica también encuentra sus últimas raíces no en el dominio de lo ético-racional, sino en lo religioso. Solamente el bien absoluto hará un llamado a la obediencia incondicional, por lo tanto, la dominación, en última instancia, se siente legitimada cuando es considerada como transmisora de la voluntad divina. En consecuencia, la pedagogía socrática también exhibe una cierta disposición hacia la ideología religiosa, la cual está, al igual que los impulsos políticos y eróticos de Sócrates, de alguna forma inhibida. Así al igual que esos impulsos han quedado fijados en la pedagogía, lo religioso en lo demoniaco. Sócrates no cree, realmente, en la vida del alma después de la muerte, ni que los dioses trascendentes tenían una existencia real. Pero el Δαιμόνιου, su Dios privado, era poderoso para él, inclusive cuando característicamente confinó esta voz interior solo a la función negativa de refrenarlo del mal, de lo prohibido y no a una positiva consistente en ordenar buenas acciones. Una firme convicción lo ligaba a este demonio, una creencia que no era menos irracional, aunque sea interpretada como una superstición, como una de esas supersticiones a las que tan a menudo están sometidos los justos racionalistas.[18] Así, por lo tanto, ambos estarían en lo correcto: aquellos que consideran a Sócrates como un racionalista y estos quienes que lo creen ligado con sus pasiones a lo irracional.

14. La compulsión de Platón hacia la paideia y la politeia

Platón se sintió atraído por Sócrates como a un pariente natural. Pero las dimensiones platónicas eran mayores en todo aspecto. Como su Eros era más apasionado que el de Sócrates, su religiosidad estaba también anclada con mayor profundidad e interpretó un papel más grande en su vida y doctrinas. No sólo porque brotó de las oscuras profundidades de su erótico sentimiento de culpa, sino también porque estaba bajo la influencia de la tradición paternalista y creció favorecido por los tiempos que –esto ocurrió entre el final del quinto y al principio del cuarto siglo– trajeron un renacimiento fuerte de un sentimiento religioso, suprimido antes por la filosofía de la naturaleza y la doctrina sofista, una clase de "ola de miedo reaccionario de Dios".[19] Al igual que a sus padres, la religión del pueblo era sagrada para él. Tan luego como él, un verdadero conservador y opositor de la democracia, consideraba la voluntad del pueblo, tanto más consideraba su creencia estar autorizada, sin tomar en cuenta si esta era consistente con su filosofía. Esta religiosidad fue la base de toda la metafísica platónica y estuvo en el fuego del no-saber socrático que fue remodelado en el trascendentalismo platónico de todo conocimiento principalmente dentro de una trascendencia del verdadero objeto del conocimiento, el bien. De acuerdo con la filosofía de Platón, el conocimiento del bien no puede ser alcanzado por la especulación racional, sino sólo a través de la contemplación mística. Fue esta religiosidad la que por medio de su entusiasmo convirtió el Δαμόνιον

---

[18] Howald, Platons Leben, p. 17.

[19] Wilamowitz-Moellendorff, *op. cit.*, p. 90.

socrático, este misterioso Dios privado, en el misterio del Ἀγαθόν platónico, una idea del bien magnificada en la divinidad.[20] Sócrates se había preguntado qué era realmente la justicia, pero había sido incapaz de dar alguna respuesta a esta cuestión. Se había contentado preferentemente con asegurar que la justicia era algo, no nada, y que había una, pero que uno no podía saber nada de ella con exactitud, a diferencia de todas las demás cosas. Él fue, por así decirlo, un escéptico heroico. Platón, sin embargo, afirmaba que sabía lo que era la justicia, más aún, afirmaba haberla "visto". La buscó, pero no en los conceptos como Sócrates. Afirmó haberla encontrado y hallado en la intuición inmediata, en la percepción mística de la idea.[21] Pero renunció a decir lo que había visto, ya que esto era en su naturaleza algo divino y, por lo tanto, inexpresivo.

Así como Eros, la necesidad urgente hacia Cratos era, también, más poderosa en Platón que en Sócrates. Desde el inicio lo llevó intencionalmente más allá de los estrechos confines de la paideia, hacia el reino más amplio de la politeia. No pudo ganar su satisfacción en la educación de la juventud porque sólo fue capaz de encontrarla en el gobierno de los hombres. El Estado, sin embargo, sólo fue para él una gran institución educativa. Al no poder lograr el liderazgo en el Estado, fundó una escuela y de esta forma la convirtió en un sustituto para el Estado.[22] Por lo tanto, Platón estuvo anclado, más que en cualquier otra teoría, a la persistente pregunta de Sócrates sobre la naturaleza de la justicia que es la legitimación de toda dominación política. Pero la Justicia, para Platón, fue algo más que una simple virtud personal. Lo que buscaba no era únicamente una salvación personal, sino también y, sobre todo, el orden ideal del Estado. Así, para Platón no era satisfactorio –como lo había sido para Sócrates– simplemente identificar a la justicia con el derecho positivo. Tuvo que elevar la justicia dentro de lo celestial para dar las leyes al Estado

---

[20] *Cfr.* Friedemann, *op. cit.*, p. 20.

[21] Friedlander, Platon, I, p. 69.

[22] *Cfr.* Werner Jaeger, *op. cit.*, p. 169. "Educación fue para él, el único y real significado del Estado", véase, también, Friedländer, *op. cit.*, II, p. 363.

y con estas una base absoluta a la autoridad estatal. Por lo tanto, para Platón, el dogma socrático de que el conocimiento es virtud y como tal enseñable, se transformó en mucho más que una simple justificación de la pedagogía y dominio de un maestro sobre un alumno. Se convirtió más bien en la proposición básica de su filosofía, la cual era completamente política: el filósofo, y sólo este, tenía que gobernar el Estado. En consecuencia, se convirtió en una justificación de la dominación política en general. Quien quiera que desee gobernar bajo el pretexto de ser un filósofo, debe –como Platón– defender la tesis de que el más alto, de hecho, el único objeto de la verdadera filosofía, el genuino conocimiento, es únicamente el bien absoluto, el cual comprende a la propia justicia. Sin embargo, este conocimiento –si el gobierno debe conducirse no por muchos, sino por unos pocos o solo uno– es inaccesible, más que para unos pocos espíritus elegidos, quizá sólo para un único hombre dotado divinamente. Debe como Platón afirmar que la verdadera sabiduría y la buena voluntad, el conocimiento y la virtud son uno, porque el gobierno como la educación, no es otra cosa que la transferencia de la virtud, desde el maestro al pupilo y, en consecuencia, la virtud –tanto como el conocimiento– debe ser comunicable. La relación de dominio se transforma en una relación de educación, politeia es legitimada como paideia.

Sin embargo, si la voluntad del gobernante es la sabiduría verdadera, entonces cualquiera que se oponga a esta, no sólo hace mal, sino que, más aún, cae en el error. Estar bajo el dominio del Estado significa entonces no sólo subordinar la voluntad, sino también la cognición a una autoridad social que asume un carácter religioso. La intransigencia total –tan agudamente delineada en los escritos platónicos– de la primacía de la razón práctica sobre la teórica, culmina en el dogma de que la virtud es conocimiento. Esta es la raíz última de la estrecha conexión de la noesis y la ética, de la ciencia y la política, conduciéndose tan característica y fatídicamente a través de todo el sistema platónico.

15. Platón como político

La investigación más reciente sobre Platón ha destruido seriamente la opinión de que fue un filósofo teórico y que la meta de su filosofía fue la fundación de una ciencia estricta.[23] Hoy sabemos que Platón fue, de acuerdo con su naturaleza, más un político que un teórico. Los intérpretes modernos lo ven más como educador y fundador que como teórico. Está abierto a la duda si realmente fue así, si de hecho poseía las características de un hombre de voluntad, las habilidades de un genio de la acción. Lo que es cierto es que sus ideales personales se situaron en esta dirección, que buscó ser lo que exteriormente –por una u otra razón– le fue negado. En todo caso, no está del todo interesado en una explicación científica de la realidad empírica: su problema es el valor trascendental, el "deber" ético-político que apunta a la volición, no a la cognición. Como su volición ético-política estuvo en todas partes sustentada sobre bases metafísicas y, en consecuencia, se manifestó literalmente en una ideología abiertamente religiosa, da en sus escritos menos la impresión de ser un erudito sistematizador de la ciencia moral, que un profeta del Estado ideal. Aparece no tanto como un psicólogo o sociólogo de la realidad social, sino más bien como un predicador de la justicia.

Si hay algún documento que ofrezca datos sobre las intenciones más personales de Platón, este es su autobiografía, la llamada Epístola VII en la que el anciano, dentro de uno de sus momentos más serios da a sí mismo, y al mundo, un recuento de su vida. Aquí Platón busca de alguna manera y fuera de toda duda, lo que él mismo consideraba el objetivo de su vida y lo que su consecución había representado. Esto último, la paideia: "[...] convertir a los jóvenes a lo que es bueno, recto y por lo tanto llevarlos siempre dentro de un estado de amistad y recíproca camaradería".[24] Pero la primera, la política: "En los días de mi juventud mi experiencia fue la misma que la de muchos

---

²³ Howald, Ernst, *Die platonische Akademie und die modern. Universitas litterarum*, Seldwyla, Alemania, 1921, p. 15; Salin, Edgar, *Platon und die griechische Utopie*, Seldwyla, Alemania, 1921, varios pasajes.

²⁴ Epístola VII, p. 328.

otros. Yo pensaba que tan pronto como me convirtiera en mi propio dueño, entraría inmediatamente dentro de la vida pública".

Sin embargo, ocurrió una revolución política, la democracia fue dejada de lado y la soberanía asumida por los treinta tiranos. Después de que estos fueron derrocados, se sintió nuevamente constreñido por la vida política: "Entonces, una vez más volví realmente a estar difícilmente con menos urgencia, impelido por un deseo de tomar parte en los asuntos públicos y políticos". Pero la realidad actual había hecho que se abstuviera de seguir sus impulsos:

> Cuando, por lo tanto, consideré todo esto y el tipo de hombres quienes estaban administrando los asuntos del Estado con sus leyes y costumbres también cuanto más los consideraba y cuanto más avanzaba yo mismo en años más difícil me parecía la tarea de administrar los asuntos del Estado correctamente. Pues era imposible tomar medidas sin amigos y compañeros de confianza. Estos no eran fáciles de tener siempre a la mano, puesto que nuestro Estado no era más administrado conforme a los principios e instituciones de nuestros antepasados. Adquirir otros nuevos amigos con alguna facilidad era algo imposible. Además, tanto las leyes escritas como las costumbres estaban siendo corrompidas con una rapidez sorprendente. Consecuentemente, aunque al principio estaba lleno de un ardiente deseo de comprometerme en los asuntos públicos, cuando consideré todo esto y vi cómo las cosas estaban cambiando de cualquier manera y en todas direcciones, finalmente me quedé perplejo y continué, sin embargo, considerando por qué medios podría ser traída alguna mejora no sólo en estos asuntos, sino también en el gobierno en su conjunto. No obstante, en lo que respecta a la acción política me mantuve constantemente esperando por un momento oportuno […]. De esta manera, en mi elogio de la filosofía correcta me vi obligado a declarar que, por la misma, uno es capaz de discernir todas las formas de justicia, tanto política como individual. Por lo tanto, las clases de la humanidad (dije) no tendrán cesación del mal hasta que cualquier clase de aquellos que son correctos y verdaderos filósofos alcancen la

supremacía política, o la otra clase de aquellos que detentan el poder en el Estado se conviertan, por alguna compensación del cielo, realmente en filósofos.[25]

Si podemos creer algo de todo lo que Platón escribió, entonces no debemos creer eso que dijo por la boca de otro, por ejemplo, detrás de la máscara de Sócrates, sino por lo que él mismo dijo. Como Platón pasó su vida entera esperando por el momento correcto para actuar, esperando porque no llegó, escribió y cultivó la filosofía.

Sin embargo, incluso si no tuviéramos la confesión personal de Platón, sus diálogos hablan no menos claramente de la primacía de sus intenciones políticas frente al conocimiento teórico. Esto es ya una muestra del hecho de que el principal problema de su filosofía, al cual todos los otros problemas estaban subordinados, es el de la justicia. Esto –psicológicamente– significa que el principal objetivo de Platón, su deseo más profundo, era encontrar una base moral para el actuar. Si mostró algo con sus diálogos socráticos, fue que ellos buscaban lo que no puede alcanzarse por cognición racional, porque esta no es capaz de resolver el problema de la justicia, sino –incluso contra su intención– sólo atenuarlo. Únicamente una necesidad indestructible en la voluntad y el actuar individual hacen emerger necesariamente el tema de la justicia. Por ello, mantiene la creencia en su existencia. Sólo quien: "se mantiene constantemente esperando por un momento oportuno para la acción política". Y emplea el periodo de espera para tratar de pensar "en todas las formas de justicia, tanto política como individual", y conferirá tanto alcance a la escritura sobre el Estado y la justicia en la obra de su vida, como lo hizo Platón. Su obra principal, la "República", es un diálogo que trata de averiguar la esencia de la justicia y, por lo tanto, proporciona la formación de un Estado ideal. No es un sistema de teoría política, sino de propaganda política. Así, también, su libro más extenso, y para toda la tendencia de su pensamiento no menos conclusivo, las "Le

---

[25] Epístola VII, 324C-326A.

128

yes", tiene el mismo carácter. No es en absoluto un estudio teórico, sino un programa político.

16. El carácter tiránico y la figura de Calicles

A partir de una serie de singularidades en los escritos de Platón uno puede trazar una línea fundamental en su gran vida la cual es la ambición política y que el Eros está en su raíz. En primer lugar, existe la descripción del carácter tiránico en el libro IX de la "República", tantas veces citado por nosotros y tan lleno de consecuencias de todo tipo.

Se ha pensado que en este dibujo puede encontrarse un retrato de Dionisio de Siracusa. Pero es difícil de conciliar esto con la relación que Platón realmente mantenía con este gobernante y, como tal, con la institución de la monarquía absoluta. Platón –como opositor de la democracia– seguramente no quería depreciarla. De esta forma, la fuerte repercusión sobre condenar al tipo tiránico surgida en Platón, no puede ser justificada. No hay duda de que, en principio, rechazó la dictadura, aunque ocasionalmente admitió que el verdadero Estado puede ser establecido solamente por la fuerza, por ejemplo, de una manera tiránica. En efecto, en la constitución de su Estado ideal concentró tal cantidad de poder en el órgano ejecutivo, que sólo podía ser un monarca; lo que significó, bajo las condiciones existentes en la Hélade, un dictador o un tirano.[26] El resentimiento que aquí se expresa permite –como ya hemos mostrado– concluir que un elemento altamente personal era dominante. Esto revela, más que nada, que Platón se sentía llamado por el liderazgo real. Nos muestra lo que pudo haber sido el lado inverso de tal autoconciencia real: la fuerte aversión por la contraparte absoluta del hombre recto de sabiduría, por el tirano. El odio hacia el tirano, que aún no lo era en el Estado, era un tirano en su alma. Esta alma que Platón había visto tan terriblemente clara, incluso en su más remoto escondite, no podría haber sido otra cosa que su propio ser más íntimo. El juicio sobre el

---

[26] *Cfr.* Wilamowitz-Moellendorff, *op. cit.*, p. 439.

tirano que es pronunciado aquí es el juicio que Platón tuvo para sí. La "inquietud y el arrepentimiento" que es descrita como el estado del alma del tirano, quien está bajo el dominio del Eros, es la mala conciencia brotando desde el Eros tiránico, o la reacción moral contra los "deseos lujuriosos y tiránicos" que Platón marca aquí como el ser alejado de la razón[27] y que, sin embargo, forman el más profundo nivel de su propio Ego. Esta mala conciencia se autotraiciona, a menudo, con dureza, rayando en la crueldad de los castigos propuestos en la "República" y en particular en las "Leyes". Es el Ego ideal de Platón que se muestra así contra sus inclinaciones originales, con la exigencia de que en su propio ser interior la razón gobernará, exactamente como en el Estado, el filósofo debe hacerlo. Así, Platón se convierte en el verdadero "hombre real y rey sobre sí mismo" y como es de esperarse en la hora destinada cuando sea llamado se sentirá a la altura de su autoconciencia real a pesar de que allí dormitaba un miedo de dicha hora en la profunda ansiedad que se delataba, en la opinión de que el hombre más infeliz es él: "que es de una naturaleza tiránica y, en lugar de llevar una vida privada, ha sido maldecido con la desgracia adicional de ser un tirano público".[28]

Este miedo, un miedo de sí mismo, bien pudo haber sido lo que lo alejó de nuevo de su camino de la política, a la que se sentía arrastrado por muchas conexiones. Compara al personaje tirano: "con el que se gobierna mal en su propia persona –quiero decir, al hombre tirano– a quien usted, justo ahora, decide que es el más miserable de todos", porque "será aún más miserable cuando en lugar de llevar una vida privada se vea obligado por la suerte a ser un tirano público". A un hombre que enfermo no puede dominar su propio cuerpo y "es obligado a pasar su vida no en el retiro, sino luchando y combatiendo con otros hombres".[29]

---

[27] *República*, p. 587.

[28] *República*, p. 578.

[29] *República*, p. 579.

Pero este retiro que parecía vergonzoso a cualquier heleno propio debió haber parecido doblemente ignominioso para Platón, que era más griego en sus sentimientos políticos que los griegos. Cuántas veces debió él, el aristócrata, para quien filosofar sobre el Estado era meramente una debilidad subrogada por gobernar el Estado, haber estado enfermo de toda esta filosofía que podía ser únicamente una profesión para pequeños burgueses, qué tan echada a perder la habrá encontrado, qué tan cansado debió haberlo hecho, qué tan indigno de la posición social de un hombre quien –como Platón– contaba con Solón entre sus antepasados y quien estuvo tan orgulloso de su tío Critias, que, por cierto, aunque era un filósofo y poeta, fue ante todo un político. En el involuntario ocio de su vida que estaba tan cerca y tan lejos de la filosofía, sobre el Estado Platón pudo haberse cuestionado de nuevo si no sería mejor:

> [...] dejar la filosofía y pasar a cosas superiores. La filosofía, si se siguió con moderación y en la época apropiada, es un logro elegante, pero demasiada filosofía es la ruina de la vida humana. Incluso si un hombre tiene partes buenas, aún, si lleva la filosofía dentro de su vida posterior, es necesariamente ignorante de todas aquellas cosas que un aristócrata y una persona de honor debe saber. Es inexperto en las leyes del Estado y en el lenguaje que debe ser usado en el trato entre hombres, tanto en lo privado como en lo público, e ignorante absolutamente de los placeres y deseos de la humanidad y de la personalidad humana en general. Y las personas de esta clase, cuando ellos mismos recurren a la política o al comercio, son tan ridículos como los políticos cuando hacen su aparición en la arena de la filosofía [...] la filosofía como parte de la educación es una excelente cosa, y no hay desgracia para un hombre mientras es joven en perseguir como tal un estudio, pero cuando es más avanzado en años, la cosa se convierte en ridícula.[30]

---

[30] *Gorgias*, pp. 484-485.

Abandonar este infructuoso filosofar: "y no refutar más. Aprender la filosofía del comercio y lograr la reputación de la sabiduría. Pero dejar a otros tales gentilezas, si estas están describiéndose como tonterías o disparates. A ellos únicamente les darás la pobreza para ser prisionera de su desafío. Cesa entonces de emular estos míseros divisores de palabras y emular únicamente al hombre de sustancia y honor, quien está en lo correcto al hacerlo".[31] Deberá ser realmente mi destino: "arrastrarme dentro de un rincón por el resto de mi vida y hablando en susurro con tres o cuatro jóvenes admiradores".[32]

Estas son todas las palabras que Platón pone en su diálogo "Gorgias".[33] También en Calicles, en esta, quizá la figura más viva de sus diálogos, Platón ha representado la fotografía de un carácter tiránico, y aquí también lo representa errado. En la disputa con Sócrates deja a Calicles ser vapuleado al final. Pero le atribuye una crítica de Sócrates a él en esta disputa que es notablemente correcta. Le deja a Calicles decir de Sócrates:

> La verdad es, Sócrates, que tú que pretendes dedicarte a la búsqueda de la verdad, estás apelando ahora a la noción popular y vulgar de lo correcto, lo que no es natural, sino sólo convencional. Lo convencional (νόμος) y la naturaleza (φύσς) están generalmente en desacuerdo entre sí. Por lo tanto, si una persona es demasiado modesta para decir lo que piensa, se ve obligada a contradecirse a sí misma, y tú, en tu ingenuidad, percibiendo la ventaja que se obtiene con ello, le preguntas astutamente quién está argumentando convencionalmente una cuestión que será determinada por el imperio de la naturaleza; y si él está hablando de este imperio, te escabulles hacia la costumbre.[34]

---

[31] *Gorgias*, p. 486.

[32] *Gorgias*, p. 485.

[33] He modificado hasta aquí los pasajes citados sólo lo necesario para dejar que alguno de estos hable de él mismo, mientras que, en el original, Calicles estaba hablando de otra persona, Sócrates.

[34] *Georgias*, p. 483. Lamb traduce: "Y esto, que miras, es el astuto truco que has ideado para nuestra perdición en su discusión: cuando un político de cualquier forma está de acuerdo con la asamblea, te mueves –de acuerdo a la naturaleza– de sus

132

Así, descubre tan desconsideradamente el "truco" dialéctico, con el que Sócrates lleva a cabo su "ingenio astuto", de modo que es difícil reconocerle alguna otra cosa que una polémica oculta de la oposición de Platón contra la discusión estéril socrática.[35] Esta interpretación se impone a sí misma, especialmente cuando uno nota la importancia que el "Gorgias" tuvo para el desarrollo espiritual de Platón, quien llegó aquí –bajo la influencia de su primer viaje a Sicilia– a una concepción metafísica-religiosa, completamente nueva, del problema de la justicia, totalmente distinta del método racionalista de Sócrates. La presenta –por primera vez– en el gran mito al final de los Diálogos. Aquello que informó a través de Sócrates, aunque la respuesta dada aquí a la cuestión de lo que constituye la justicia, hace superflua toda la paronomasia vacía que Sócrates había llevado a cabo, es bastante curioso. Pero esta es, después de todo, la noble manera de Platón: permanece fiel a Sócrates como personalidad, incluso cuando deja caer su dogma ya que de seguro, no es por cuenta de alguno de estos que Sócrates es el ideal de Platón.

Si la suposición es correcta, de que Platón se ha retratado en el gran oponente de Sócrates, en Calicles, su brillante tío Critias, muy admirado por él, el hombre que se representó como una parte destacada y subalterno de los treinta tiranos,[36] entonces comprendemos por qué el discurso en el que Calicles defiende el derecho de las grandes personalidades para gobernar suena tan convincente.[37] De esta forma, también fue su deseo convertirse en Critias, al menos una po-

---

preguntas. Nuevamente, si se refiere a la naturaleza, te presupones en la asamblea".

[35] Friedländer, *op. cit.*, I, p. 134, negó que "Platón en alguna parte lleva una lucha escondida en contra de Sócrates". Pero agrega: "podría ser que Platón lucha contra el Sócrates dentro de él, contra sí mismo". *Cfr.*, también la respectiva literatura citada por Friedländer.

[36] *Cfr.* Menzel, Adolf, *Kallikles*, Viena, 1922, p. 85 y ss.

[37] Gomperz, Theodor, *op. cit.*, II, p. 333: "Estamos asombrados del carisma con el cual Platón caracteriza toda la juventud, casi domó al león que aquí describe rompiendo sus lazos y levantándose en el poderío de su grandeza innata. Admiramos el poder artístico con el cual ha delineado, para él, el rechazar éticamente el carácter de "súper hombre". ¿Puede ser que, mientras rechazado por el mal uso de genio, aún sintió la atracción del genio mismo?".

sibilidad que Platón sintió y deseó. Pero peleó contra este instinto de poder en él, externalizando dicha parte de su ser en Critias-Calicles.

"¿Cómo puede un hombre ser feliz si es siervo de alguien en absoluto?".[38] Relata con su dicho y con estas palabras, que Calicles ha leído los pensamientos más íntimos de Platón. Pero la urgencia con la que Platón luchó contra el Calicles dentro de sí mismo puede ser vista quizá a partir del hecho de que se convirtió en el defensor de una teoría sofista muy despreciada, la doctrina que proclama el derecho del más fuerte, la cual está tan caricaturizada en el relato que de ella hace Calicles que Sócrates con facilidad es capaz de reducirla al absurdo. Pero al mismo tiempo Calicles, quien defiende una tesis evidentemente absurda, se caracterizó claramente por una inteligencia sobresaliente. De tal manera que esta personalidad está dividida por una contradicción. Nuevamente es la contradicción en el propio seno de Platón. De ahí que este haga citar a Calicles la "Antíope" de Eurípides,[39] la cual contiene la famosa logomaquia entre Anfión y Zeto, en la que el βίος θεωφητιχός; contiende con el βίος πραχτιχός. Pues esto es el conflicto básico en la vida de Platón: en el retiro tranquilo para lidiar con el conocimiento, o en la arena de la vida política por el dominio. Es la contradicción entre la vida solitaria del erudito y el papel dramático de político y de reformador, entre la huida pesimista del mundo, y el liderazgo optimista sobre el mundo. En el clímax del diálogo del "Gorgias", que es la escena de Calicles, este conflicto, así como el problema de la justicia enfrentada a su completa negación, el llamado derecho del más fuerte, debe conducir a una solución. Así como el conflicto entre la justicia y el derecho del más fuerte se decide en favor de la primera y en contra del segundo, entonces el conflicto entre filosofía y política se decide –aquí en el Gorgias– a favor de la filosofía sobre la política. Esta solución encuentra su expresión simbólica en el final del mito: entre las almas de quienes se paran ante los jueces de la muerte, aparecen

---

[38] *Gorgias*, p. 491. Jewett lo traduce: "quién es el servidor de algo".

[39] *Gorgias*, p. 484.

como malvadas casi sólo las almas de los líderes políticos. Así aparece como justo quien: "podría haber sido un hombre común o no; y debería decir, Calicles", dice Sócrates, "que es más propenso haber sido un filósofo".[40]

En este diálogo, Platón decidió en contra de la voz de su corazón, que se esforzaba por el poder político, en favor de la contemplación filosófica. Pero le permite ser anunciado directamente, en este diálogo y por la boca de Sócrates, que él es el verdadero político: "Creo que soy el único o casi el único ateniense vivo quien practica el verdadero arte de la política; soy el único político de mi tiempo".[41] Sólo a la luz de la Epístola VII puede entenderse completamente el "Gorgias".

17. La reivindicación platónica del poder en la República

Desde este punto de vista podemos encontrar el significado más profundo y el sentido personal de muchas referencias en la "República". Así, por ejemplo, en el libro VI, donde Platón habla sobre el por qué el verdadero filósofo, aunque está llamado a la dirección de los Estados, pero bajo las circunstancias desagradables dadas y siendo también demasiado orgulloso para mendigar a la multitud que se le confíe la dirección, debe abstenerse de dicha dirección.[42] Sentimos que está hablando de sí mismo cuando hace referencia: "a alguna alma elevada, nacida en una conocida ciudad, que condena y rechaza la política".

En la Epístola VI escuchamos las palabras de la gran confesión, cuando leemos cómo los verdaderos filósofos, en posesión de la dulce y bendita sabiduría, renuncian a la actividad política, ya que "han visto también suficiente locura de la multitud. Ellos saben que ningún político es honesto, ni tampoco hay un campeón de la justicia que pueda luchar y ser un salvador al lado de ellos".

---

[40] *Gorgias*, p. 526.

[41] *Gorgias*, p. 521.

[42] *República*, p. 489. *Cfr.*, también Ritter, Ferner: *Die Dialoge Platons*, II, p. 77.

Así, el sabio se retira de la política y se sumerge en la filosofía como "retirándose al abrigo de un muro", complacido; desde una "tormenta de polvo y aguanieve". Sólo él, no importa cómo, "puede vivir su propia vida y ser incorrupto de la maldad o injusticia, y desviarse dentro de la paz y buena voluntad, con brillantes esperanzas". ¿Esto significa sólo la salvación personal y no la realización de la justicia en el Estado? "¿Pero esto es todavía algo importante que ha sido cumplido cuando él, en consecuencia emprende su partida?". Platón deja cuestionarse aquí como si fuera una pregunta que se hubiera hecho a sí mismo cientos de veces. No obstante, la respuesta se adelanta: "Una gran obra sí, pero no la más grande, al menos que encuentre un Estado idóneo para él. Para entrar a esa clase de Estado, tendrá un crecimiento muy grande y será el salvador de su nación, así como de él mismo".[43]

Tal es la solución hacia la cual pugna –más que en el "Gorgias" –en la "República". Platón la muestra aquí, no como un poeta sino, como diríamos, un erudito. Una y otra vez quiere que parezca que es un "fundador del Estado", un "legislador".[44] Puesto que no es posible en la realidad, cuando menos construirá un Estado "ideal".[45] El sentimiento de amarga resignación habla de las palabras que podrían permanecer como un lema sobre su propia obra las "Leyes" y que pone en la boca del discurso ateniense de los dos hombres más viejos en este diálogo, cuando ellos muestran su obra para trazar los detalles de las leyes para la comunidad a ser fundada: "Permítanos divertirnos a nosotros mismos como si fuéramos jóvenes al moldear a través de la palabra las leyes idóneas para tu Estado".[46]

Como jóvenes que juegan a promulgar leyes sin ser legisladores en realidad. De esta manera, irónicamente compara toda esta cuestión legislativa en las "Leyes" con un juego de estrategia donde un movi-

---

[43] *República*, pp. 496-497.

[44] *Cfr. República*, pp. 519, 592.

[45] *República*, pp. 369, 473 y 592.

[46] *Leyes*, p. 712.

miento sigue a otro.[47] Sin embargo, un avejentado Platón aún no tiene perdida la esperanza de la vida política activa. En su conciencia de la distancia entre el Estado ideal de la "República" y la proposición que hizo en las "Leyes" ahora sólo dice que el creador se apropia de los "Dioses o hijos de los Dioses" pero que el "Estado que tenemos ahora a la mano, desde que se creó, será lo más cercano a la inmortalidad y el único que toma el segundo lugar". Añade misteriosamente: "después de eso, por la gracia de Dios, completaremos el tercero".[48] En el último capítulo –además, el último escrito por Platón– habla con un vigor elemental de "estas cuestiones" sobre la búsqueda de la actividad política y la convicción de haber sido llamado a esto por Dios. Dicen los atenienses, detrás de los cuales se esconde el propio Platón: "He tenido mucha experiencia y, a menudo, los he considerado, y me atrevería a decir que seré capaz de encontrar otros quienes también ayudarán". Clinias responde: "Estoy de acuerdo, forastero, en que debemos proceder por el camino en el que Dios nos guía". Poco despúes, Platón relata que Mételo, el segundo de los dos ancianos con quienes el ateniense conversa sobre la fundación del Estado, afirma: "Querido Clinias, después de todo lo que se ha dicho, tampoco debemos retener al extranjero, y por súplicas y mediante todas las formas posibles hacer que él comparta la fundación de la ciudad, o bien debemos renunciar al cometido". A lo que Clinias responde: "Muy cierto, Mételo, y tú debes unirte a mí para detenerlo".[49] Platón había esperado por esta invitación toda su vida. Sólo después de su muerte –con la publicación póstuma de las "Leyes"– estas palabras llegaron a los oídos de un mundo que siempre había sido sordo a su llanto de poder.

No de forma tan clara y directa como el anciano ya impaciente, quien no vio más tiempo tras él para esperar, el hombre permaneciendo en la cúspide de su capacidad creativa, el Platón de la "Re-

---

[47] *Leyes*, p. 739.

[48] *Leyes*, p. 739.

[49] *Leyes*, pp. 968-969.

pública", había desvelado los anhelos de su alma de manera clara para aquellos que quisieran escuchar. El gigantesco plan de un Estado ideal es ciertamente sólo un ofrecimiento desde su gran corazón apasionado para servir a su patria; pero, por supuesto, para servirle como un gobernante. Si Platón repetidamente sugirió que en el verdadero Estado el filósofo gobierna, aquel que reunía necesariamente "la grandeza y la sabiduría política",[50] entonces es únicamente su propia filosofía la que tuvo en mente y ninguna otra. Los filósofos, quienes deberían de ser los gobernantes en el Estado ideal, podrían ser capacitados exclusivamente en la filosofía platónica. El propósito de su educación era el del conocimiento de la idea del bien, lo cual es posible sólo mediante la doctrina platónica de las ideas. Platón desarrolla esta doctrina, el núcleo de toda su filosofía, justo en este punto de la "República" donde describe el proceso de capacitación de unos cuantos elegidos que están llamados a gobernar[51]. El adoctrinamiento en la filosofía platónica es la tarea principal del Estado platónico. Los filósofos que gobiernan en el Estado ideal podrían ser únicamente filósofos platónicos. En ellos es dominante el espíritu de Platón quien gobierna a través de ellos y de esta forma satisface –en espíritu– su deseo por el poder.

Cuando Platón colocó su reclamo sobre la autoridad de los filósofos tuvo su primera lucha contra la opinión general, la cual debió haber sido más dolorosa para él que para cualquier otro filósofo: aquellos filósofos fueron gente poco práctica e incapaz en la política. Y después mostró: "que los sentimientos violentos, los cuales la mayoría sentían hacia la filosofía, se originaban en los simuladores, que se precipitaron sin ser invitados"[52].

Así, el reproche usual no puede sostenerse por el verdadero filósofo, al que buscó particularizar de una manera preliminar. Él habría sido uno de esos "cuya mente se dirige hacia un ser verdadero […]

---

[50] *República*, p. 473.

[51] *República*, pp. 503 y ss.

[52] *República*, p. 503.

su ojo se encuentra siempre dirigido hacia cosas constantes e inmutables que no ve perjudicadas ni tampoco dañadas por algún otro, pero todas dispuestas a moverse de acuerdo a la razón; aquellas que imita".[53]

Es evidente la verdadera existencia razonable de la eterna idea inmutable, la del bien sobre todo, el conocimiento a través del cual se crea al verdadero filósofo que es llamado a gobernar. Es su doctrina de las ideas, que Platón explica aquí como la filosofía que debe convertirse en la diosa gobernante del Estado. El filósofo verdadero hará todo para emular la esencia verdadera observada por él, "y a estos que, hasta donde puedan, estarán de acuerdo con él mismo".

"Y si una necesidad de moldear es impuesta sobre él, no sólo a sí mismo, sino a la naturaleza humana en general, ya sea en los Estados o en los individuos, dentro de eso que contempla en alguna otra parte", entonces debe ser un hábil "artífice de la justicia, la templanza y toda virtud cívica".[54]

Y ahora Platón da a la plática un giro totalmente inmotivado, uno que expresa inequívocamente su creencia en sí mismo como el verdadero filósofo, al único que se le debe la conducción del Estado. Tiene a Sócrates diciendo: "Y si el mundo percibe que lo que nosotros (Sócrates y los demás participantes en la plática) estamos diciendo sobre él (el verdadero filósofo) es la verdad, ¿se enfadarán con la filosofía? ¿No nos creerán cuando les digamos que *ningún Estado puede ser feliz si no está diseñado por artistas que imitan el modelo celestial?*".[55]

Ahora, con la condición esencial de que el Estado debe de ser feliz, se explica que no sólo debe de ser gobernado por un verdadero filósofo, sino también que un verdadero filósofo tendrá que redactar su constitución. Y a la pregunta de Adimanto sobre: "¿cómo elaborarán el plan del que están hablando?".

---

[53] *República*, p. 500.

[54] *República*, p. 500.

[55] *República*, p. 500 (el énfasis es propio).

> Ellos (los filósofos) comenzarán por tomar el Estado y las costumbres de las personas, desde las cuales, como desde una tablilla borrarán la imagen y dejarán una superficie limpia. Esta no es una tarea fácil. Pero sea fácil o no, en este punto reposará la diferencia entre ellos y cualquier otro legislador –ellos no tendrán nada que hacer ni con el individuo ni con el Estado–, y no escribirán ninguna ley hasta que hayan encontrado, o hecho ellos mismos, una superficie limpia.[56]

En consecuencia, antes que nada ellos "trazarán un esquema de constitución". Este es nuevamente el propio Platón que no se ocupará por sí mismo de la política antes de que el Estado haya sido "limpiado". Esto es justamente lo que Platón –el pintor que "imita el modelo celestial"– se había propuesto hacer con su "República". Él "trazó un esquema de constitución" sobre la base de una comprensión dentro de la relación del individuo y el Estado. No pudo haberse referido a nadie más que a sí mismo cuando dejó que Sócrates llegara a la conclusión que podemos ahora esperar para persuadir al pueblo: "de que el pintor de constituciones es uno de los que estábamos alabando, de quien ellos estaban tan indignados porque a sus manos encomendamos el Estado. ¿Están un poco más tranquilos con lo que acaban de oír?".[57]

Lo que Platón presupone como autoevidente es que la filosofía que debe dominar en el Estado ideal es sólo la suya y, por lo tanto, él mismo como fundador y el líder se muestra también por el hecho de que una serie de aparentes inconsistencias pueden resolverse únicamente por esta presuposición. Así, remarcando que el verdadero Estado solamente garantiza la formación de verdaderos filósofos, vuelve a explicar que el verdadero Estado sólo sería posible si el verdadero filósofo llegara a reinar.[58] Para Platón esto no era una falacia de circularidad porque la "verdadera filosofía" fue su propia filosofía

---

[56] *República*, p. 501.

[57] *República*, p. 501.

[58] *Cfr.*, en ese sentido Reader, Hans, "Platons philosophische Entwicklung", 2a ed., p. 222.

que se originó antes del verdadero Estado, y fuera del alcance de su influencia, porque para Platón el nacimiento de la doctrina de las ideas en el Estado perverso fue su experiencia más personal.

La dificultad básica del Estado ideal platónico –como la de cualquier otro Estado– es la siguiente: ¿cómo es posible que este surgirá del actual Estado perverso?, ¿cómo puede llegar al poder el mejor y verdadero filósofo?, ¿por qué camino puede llegar a existir el primer gobierno bueno? Y una vez que este primer paso se ha producido como por milagro: ¿cómo es posible garantizar que el mejor y el verdadero filósofo permanezca siempre en el poder y que nunca lo perderá? Todas estas dificultades parecen no haber sido contempladas por Platón. Porque del requisito básico para la realización y el mantenimiento del Estado ideal, por ejemplo, de la existencia del mejor y verdadero filósofo, Platón está tan seguro como cualquiera puede estarlo de sí mismo solamente. En este punto, resulta particularmente importante, la manera y forma en la cual Platón trata la cuestión de la realización de su Estado ideal. No es una cuestión que le preocupe especialmente. Es una muestra de la ligereza casi lúdica con la que toca la cuestión en lugar de considerarla seriamente. Al final del libro VII, Sócrates enfatiza: "estarás de acuerdo (¿no?) en que lo que se ha dicho sobre el Estado y el gobierno no es meramente un sueño y aunque difícil, no es imposible, pero únicamente resulta factible en la forma en que se ha supuesto. Es decir, cuando los verdaderos reyes filósofos estén naciendo en un Estado, *uno* o más de ellos".[59]

A la pregunta ocasionalmente hecha por Glaucón en lo que se refiere a cómo los verdaderos filósofos procederán para traer aquí su Estado, Sócrates responde:

> Ellos comenzarán por expulsar a las afueras a todos los pobladores de la ciudad que sean mayores de diez años, y tomarán posesión de sus hijos quienes no serán influidos por los hábitos de sus padres; estos se formarán en sus propios hábitos y leyes, me refiero dentro de la ley que les hemos dado. De esta forma, el

---

[59] *República*, p. 540.

Estado y la constitución de los cuales estuvimos hablando serán prontamente y más fácilmente cumplidos felizmente y la nación que tiene dicha constitución ganará más.[60]

Eso es todo. Si la puesta a un lado de los adultos es justamente más rápida y un método más fácil para traer a la existencia al Estado ideal podría razonablemente dudarse, si tuvo que asumirse que Platón había realmente intentado dicho método. Pero Glaucón concuerda con Sócrates en que ha descrito correctamente la forma de realización "como si dicha constitución siempre pudiera hacerse existente". Si el Estado ideal debe venir a la existencia entonces ninguno otro sino Platón y sus discípulos serían capaces de formar el primer gobierno. Así, sus primeros sujetos provinieron –niños, su primer gobierno– de un cuadro educativo. Esta es, claramente, la idea –no expresada, aunque lo es– que permanece tras la fantasía del Estado de Platón. Pero, ¿cómo se puede proveer la regeneración del gobierno? Como es bien sabido Platón dividió a la población de su Estado en dos clases: por un lado, la masa de comerciantes y trabajadores y por otro lado, un grupo mucho más pequeño de "guardianes" como se llamaba a los soldados. Desde esta clase de guerreros debían surgir, mediante una cuidadosa selección las reglas correctas de formación filosófica a quien le fue otorgado un poder casi ilimitado. Está claro que, desde el punto de vista de la política real, todo deriva de esta selección y, sobre todo, depende de quien la hace. Pero en cuanto a esto, Platón es evasivo. Después de que Sócrates ha declarado que los gobernantes serán aquellos "quienes tengan más el carácter de guardianes" dice: "Debe haber una selección. Déjenos notar, entre los guardianes, aquellos que a lo largo de su vida mostraron el más grande entusiasmo para hacer lo que es correcto para su comunidad y la repugnancia más profunda hacia lo que contraviene los intereses de la misma".[61]

---

[60] *República*, p. 541.

[61] *República*, p. 412.

Después de que Glaucón está de acuerdo que "estos son los hombres correctos": "Ellos tendrán que ser vigilados en cada época, para poder apreciar si preservan su determinación […]".

"Debe de haber una selección", "ellos tendrán que ser vigilados". ¿Pero quién es el único que tiene que seleccionar? ¿Quién es el que tiene que vigilar? ¿Quién es esta persona anónima que representa tan grandiosamente, tan decisivamente, un rol en todos los planes para un mejoramiento universal? ¿Detrás de quién está siempre escondido, de que corazón y mente ha surgido el plan para un mejoramiento universal? De esta cuidadosa vigilancia depende el destino del Estado. Sócrates lo revela nuevamente cuando dice "déjennos" notar…, "debemos" ver…, "nosotros": es Platón y sus discípulos.

El gobierno del Estado ideal está en posesión de la sabiduría perfecta. El gobernante, por demás solo él, está en la posesión de la justicia que determina sus acciones. Pero, ¿no puede él también equivocarse? ¿Está totalmente excluido que el gobernante supremo –y en términos del pensamiento de Platón hay que suponer que sólo hay un gobernante supremo, un monarca– no perderá su don divino? ¿No debe la constitución prever esta contingencia? Pero precisamente esto no es posible en la constitución platónica. Puesto que sólo el rey está en posesión de la más grande sabiduría, nadie más que él puede juzgar si un acto soberano se aparta de la línea de la mayor justicia. Seguramente siempre se trata del mismo círculo vicioso, este círculo vicioso de lo absoluto, del que sólo quien cree estar en posesión de él y sólo para sí mismo, puede encontrar la salida. Platón de hecho calculó la posibilidad de que el gobernante de su Estado ideal pudiera equivocarse alguna vez y de esta manera el Estado ideal pudiera degenerar. Admite: "Una ciudad que esté de tal forma constituida puede difícilmente ser agitada; pero viendo que todo lo que tiene un principio tiene también un final, incluso una constitución como la de esta ciudad no duraría para siempre, sino que con el tiempo se disolvería".[62]

---

[62] *República*, p. 546.

El peligro de caída, sin embargo, sólo ocurre cuando el soberano no se ocupa del requisito necesario en la clase magistral, cuando un error es cometido en la selección de las parejas adecuadas para la procreación. Este es el caso cuando el gobernante no sabe el número místico que controla la fecunda procreación, el número platónico nupcial. ¿Pero cómo podría esta fórmula permanecer oculta, ya que el propio Platón la describe aquí en el libro VII de la "República"? Por supuesto, él sólo puede imaginarse seriamente a sí mismo como rey del Estado ideal, porque sólo él conoce el número místico. Pero, como todavía no es el rey, sino en realidad sólo un escritor, no le queda más que hacer que su secreto se conozca. Al hacerlo entonces, sin embargo, toma revancha de la cruel realidad, pues habla del número de la suerte únicamente en un lenguaje tan oscuro que, al final, el secreto aún permanece suyo, la llave para el reino está en su exclusiva posesión y, por tanto, sólo él es el verdadero rey.

El gobierno del Estado ideal podría, propiamente, según nos dice Platón, valerse para objetivos definidos como ciertos "engaños necesarios". No sería, por supuesto en sí misma una mentira para los sujetos en ninguna circunstancia. Pero hay mentiras que Platón considera necesarias en las que no sólo los sujetos sino también los gobernantes tienen que creer. Sócrates pregunta: "¿Cómo podemos entonces idear una de esas falsedades necesarias de las que hablamos hace poco –una sola mentira que pueda engañar a los gobernantes–, si eso es posible y, en todo caso, al resto de la ciudad?".[63]

La pregunta habitual en otros lugares: *¿quis custodiet custodes?*, se convierte aquí –significativamente adecuada– en: ¿quién engaña a los mentirosos? Bueno, ¡el propio Platón! De nuevo, sólo el escritor no puede hacer otra cosa más que dejarle a Sócrates que revele esta mentira a petición de Glaucón[64] y no advierte que por este medio

---

[63] *República*, p. 414.

[64] *República*, p. 415. La "mentira" de que los gobernantes se harán creer, si es posible, es la fábula de la Σπαρτοί que Platón ha reinterpretado para sus propios fines. La Σπαρτοί de que fueron los guerreros que se levantaron de los dientes del dragón mostrados por Camus. La creencia en la verdad de este relato podría traer la idea de

obstaculiza su propia aspiración, por ejemplo, hace imposible que el gobierno de su Estado ideal sea engañado. Por ello, no puede –la conocida "República" de Platón– ser más engañada. Pero en su imaginación el mismo Platón es el gobernante supremo quien se encuentra aún en lo más alto, sobre el gobierno del Estado ideal y quien miente incluso a su gobierno, él, el único quien no puede ser engañado.

18. La reivindicación platónica del poder en el "político" y en las "leyes"

Platón es el "maestro real" cuya imagen ideal lo muestra en el diálogo del "Político", es este hombre guiado sólo por la razón. A causa de esto, él, quien en realidad era sólo un filósofo, debe presentar la tesis paradójica de que el poder real es una ciencia.[65] Quienquiera que pueda justificar esta pretensión de gobernar por el sólo hecho de

---

que los ciudadanos se levantaron desde la tierra, como los niños se desprenden de sus úteros maternos. "Sus regiones serían sus madres y también sus niñeras, están conectados a preconizar por su bien, y a defenderla contra ataques, y a sus ciudadanos los aprecian como niños de la tierra y sus propios hermanos". El significado especial es la adición que Platón hace de la fábula: "ciudadanos, diremos que ellos en nuestro relato, son hermanos, aún si Dios los ha confeccionado de manera diferente. Algunos de ustedes tienen el poder de comandar, y en la obra de estos él ha mezclado el oro, por lo cual también tienen el grandioso honor; a los otros él los ha hecho de plata, para ser tropas auxiliares; otros también que están por ser labradores y artesanos los ha compuesto de bronce y acero; y las especies generalmente serán preservadas en los niños. Pero como todos son de la misma estirpe original, un padre de oro tendrá a veces un hijo de plata, o un padre de plata un hijo de oro. Dios proclama como primer principio a los gobernantes, y a todos los demás, que no hay nada que deban guardar tan ansiosamente, o de lo que deban ser tan buenos guardianes, como de la pureza de la raza. Deben observar qué elementos se mezclan en su descendencia; porque si el hijo de un padre de oro o de plata tiene una mezcla de latón y de acero, entonces la naturaleza ordena una transposición de rangos, y el ojo del gobernante no debe ser de lástima hacia el niño, porque él tiene que descender en la escala y convertirse en guardianes o tropas auxiliares. Ya que un oráculo dice que cuando un hombre de bronce o acero defienda el Estado, este será destruido". Esta es la "falsedad necesaria" que Platón originaría, si fuera posible, incluso al gobernante que cree: que los ciudadanos eran, de seguro, todos iguales porque procedían de la misma madre tierra, pero que, sin embargo –ya que tiene que haber gobernantes y gobernados– eran, también, diferentes por su propia naturaleza.

[65] *Político*, p. 292; véase también, p. 260.

ser filósofo debe identificar la autoridad con la ciencia, como identificó la virtud con el conocimiento. Debe de estar convencido de que, quien tiene el conocimiento correcto, es el gobernante apropiado, sin tomar en cuenta si tiene o no la posición externa de un rey: "Podemos llamar reyes a aquellos que posean la ciencia real, gobiernen o no, como fue demostrado en el argumento anterior".[66]

Al igual que Platón ha llamado al personaje dominado por el Eros tiránico, por ejemplo, su segundo Ego maligno, un tirano, aún cuando no haya sido obligado por el destino "a convertirse en un tirano". Aquí, en el "Político", Platón presenta –mucho más claramente que en la "República"– la visión de que el verdadero sabio, el soberano real, es el que no está preferentemente restringido por alguna clase de ley constitucional, sino que gobierna solo de acuerdo con el juicio libre guiado por la razón.[67] Y en las "Leyes" también dice:

> Si un hombre nació tan divinamente dotado que pudiera entender naturalmente la verdad, no tendría necesidad de leyes para gobernar sobre él porque no hay ley ni orden que esté sobre el conocimiento, tampoco puede importar, sin impiedad, ser considerado el sujeto o el esclavo de algún hombre, sino más bien el señor de todo.[68]

Sin duda, en las "Leyes" es pesimista en su creencia de la naturaleza humana; supone que no hay ninguno o únicamente muy pocos hombres quienes participan de un razonable entendimiento y que es preferible tener al Estado regido por leyes. Pero en el Estado ideal de la "República" presupone que la autoridad está en las manos de los hombres que poseen la más alta sabiduría.

Según la concepción de Platón, el Estado ideal es justo aquel en el cual la sabiduría gobierna. Por lo tanto, Platón podría haberse contentado con la descripción de este, con la cuestión personal, por así decirlo; a lo sumo con la insinuación de que el mejor hombre que,

---

[66] *Político*, p. 292.

[67] *Político*, pp. 293 y ss.

[68] *Leyes*, p. 875.

de alguna manera, llegó al poder tiene que gobernar de acuerdo con su libre albedrío, por nada más que su decisión individual aplicada sólo a los casos concretos. Pero Platón, con una inconsistencia obvia, restringe el libre albedrío del futuro rey mediante un gran número de guías generales en cuanto al manejo del Estado ideal desarrollado en la "República" y no percibe la contradicción que esto implica, la cual se encuentra entre su postulado básico de un completo libre albedrío del gobernante no restringido por leyes y el resto de su "República". Platón no percibe esta contradicción porque se ha tomado a sí mismo como el más alto legislador que, sin embargo, no ha percibido como "leyes" las disposiciones relativas al Estado ideal originadas en sus fantasías políticas. Estas disposiciones no pueden ser, naturalmente, más que normas generales que obliguen al futuro gobernante del Estado ideal, aún si las mismas no están puestas en vigor legalmente. Platón, el filósofo, no podía de otra manera expresar su voluntad política, tampoco hacerla efectiva, más que a través de tales leyes "platónicas".

Más que su conocimiento filosófico, su voluntad política fue para él, el puente desde el yo al ustedes. No tanto como un tema de una ciencia de la comprensión, más bien como un objeto a ser dominado, especialmente a las masas. En las "Leyes" una comparación ocurre en dos lugares, lo cual es significativo en estas direcciones –así como en muchas otras– en las que la posición de Platón se muestra con respeto a Dios y al hombre. El hombre, dice aquí, no es en el fondo más que un "títere de los dioses".[69] Tanto más que un "juguete" que no lo sabe. Pero *nosotros* distinguimos claramente que, como Dios juega con sus títeres involuntarios, como puede tirar de ellos por sus cuerdas invisibles, también filósofo y gobernante celestial, lleno de su sabiduría divina, que posee exclusivamente el conocimiento de la justicia, el hombre real podría y debería guiar –de acuerdo con la noción expresada implícitamente más que abiertamente por Platón– a los hombres sujetos a él y conectarlos por una obediencia incondicio-

---

[69] *Leyes*, p. 644. *Cfr.*, también, p. 804.

nal. Estos son, para Platón, únicamente material para sus impulsos pedagógicos y políticos. Hacia algunos objetos como la libre personalidad, como un principio válido para todos, él careció de todo sentimiento. Ya que en su "República" Platón trató a los hombres como esclavos, lo que puede ser justificado por el hecho de que considera las galeras, a las que fueron encadenados, parte del Estado ideal. Es, precisamente, en este punto que no hay diferencia entre las "Leyes" y la "República". En el "segundo mejor" Estado, el contenido del orden jurídico es de seguro algo un tanto diferente, pero su coerción, la intensidad del gobierno, es igualmente grande. Esta hipertrofia de la voluntad del Estado, este exceso de autoridad que fluye desde un sentimiento exagerado de infalibilidad política, esta supresión despiadada de cada oposición se muestra en la obra de la vejez de Platón en una forma más bien desagradable. Lo que es tan antipático no es sólo la crueldad de los castigos aquí prescritos, sino el salvajismo intelectual sin precedente, especialmente en el campo de la religión. Aquí vemos claramente el gobierno de carácter tiránico, el carácter al cual Platón había sentido siempre como el mal en su propio corazón.

19. La aventura siracusana

No es solamente la obra de Platón la que nos muestra su ambición política, también es su vida. Esta permanece en la sombra de un cometido político, cuyo comienzo tiene lugar en el periodo en que Platón, a la edad de cuarenta, realizó su primer viaje a Sicilia. Esta aventura que lo perturbó casi hasta el momento de su muerte y que se caracterizó por una desesperanza a lo largo de sus últimos años, fue el intento que hizo Platón para ganarle a las ideas del tirano de Siracusa, Dionisio el Joven. Un intento por el cual la academia platónica, o al menos algunos de sus miembros más prominentes, fueron arrastrados a una sangrienta guerra civil en el curso de la cual fue naufragando el gran reino siciliano, fundado por Dionisio el Viejo, una de las más vigorosas comunidades que el mundo helénico habría traído a la existencia y quizá la última posesión más poderosa de todas en la antigüedad. En esta serie de acontecimientos el nombre de la academia platónica no fue cubierto de honor.

Después de la muerte de Sócrates y de una residencia transitoria en Megara, Platón había emprendido un extenso viaje que pudo haber sido causado más por un interés político que científico. Este viaje probablemente lo condujo a Egipto y ciertamente a la parte sur de Italia, donde llegó a entrar en íntimo contacto con la organización político-religiosa de los pitagóricos, en particular con su líder más destacado, Arquitas de Tarento. Las tendencias antidemocráticas y abiertamente aristocráticas de los pitagóricos correspondían completamente con las opiniones políticas que habían llevado a Platón a oponerse a su ciudad natal, en la época de la restauración, a la democracia. Pudo también estar atraído por los elementos místicos en la doctrina pitagórica. Desde el sur de Italia se dirigió a Siracusa, la capital de Sicilia, y residencia del tirano Dionisio, probablemente inducido a hacer eso por los pitagóricos que tenían conexiones políticas allí. En Siracusa se convirtió en próximo a Dión, un joven pariente del tirano, y se enamoró apasionadamente de él. Se conserva un poema de Platón escrito cuando tenía más de setenta años sobre la muerte de su amante, y que contiene la significativa línea: "Dión movió mi corazón a un amor tan agonizante".

Dion fue quien llevó a Platón a la corte de Dionisio. El amor al bello mancebo "engendró" –para usar el lenguaje del "Banquete"– en Platón el propósito, tan desafortunado para él, de realizar en Siracusa su ideal político. Él intentó hacer del tirano un maestro real. Sin embargo, este último no permitió a Platón llevar a cabo su idea y más bien intentó librarse brutalmente del filósofo quien se había convertido en un fastidio para él. Incluso se supo que había sido vendido como esclavo en Egina, una esclavitud de la cual el filósofo sólo se libró por el riesgo de ser canjeado en el mercado por un tal Anníceris de Cirene.[70]

---

[70] *Cfr.* Meyer, Eduard, *Geschichte des Altertums*, 1921, v, p. 502. El reporte en cualquier caso es muy dudoso.

A pesar de este fracaso, Platón aceptó una invitación a Siracusa que se le envió después de la muerte de Dionisio por su hijo y sucesor Dionisio II. Fue Dión quien ocasionó que Dionisio, su cuñado, invitara al filósofo. Cuando Platón realizó su segundo viaje a Siracusa, ya tenía sesenta años. Esta vez, también, decepcionantemente no faltó a la invitación. Entre el joven gobernante y su cuñado, Dión, surgió una disputa por la intención de este último (real o quizá sólo sospechada por Dionisio) de apoderarse del reinado. Apenas tres meses después de la llegada de Platón, su joven amigo había sido desterrado y con esto el sueño de Platón llegó a su fin. Su intención parece haber sido inducir a Dionisio a una especie de monarquía constitucional y restaurar las ciudades griegas que su padre había destruido en parte y colonizado con mercenarios retirados, por ejemplo, bárbaros. Platón pudo haber tenido instrucciones para terminar una constitución para las comunidades que estaban siendo restablecidas.[71] Pero este trabajo no llegó con algunos resultados tangibles y Platón evidentemente no tuvo éxito en ganar influencia sobre el tirano. Él mismo explica esto muy enfáticamente en su Epístola III. Regresó a Atenas sin haber logrado ningún éxito político. Dión también había ido a Atenas y vivió allí en estrecha amistad con Platón y sus discípulos del círculo de la academia. Sin embargo, las relaciones entre Platón y Dionisio, también se mantuvieron, aunque de forma superficial. El filósofo realizó pequeñas comisiones para el tirano. Con base en ciertas observaciones de la Epístola XIII de Platón, Eduard Meyer cree que se puede suponer que "Dionisio puso a su disposición sumas para el pago de impuestos y otros gastos, y se sirvió de él como hombre de confianza en el asunto con Dión y otras transacciones diplomáticas".[72]

Aunque Platón no tuvo éxito en conseguir de Dionisio el decreto de destierro contra Dión y tener de regreso su propiedad confiscada por él aceptó otra invitación más a Siracusa −¡un paso casi incomprensible!−. Al realizar dicha invitación, Dionisio tenía obviamente

---

[71] Meyer, Eduard, *op. cit.*, p. 504.
[72] Meyer, Eduard, *op. cit.*, p. 506.

el único objetivo de ganar en la persona del famoso filósofo y más íntimo amigo del temido Dión, un rehén a fin de que Dión se abstuviera de cualquier emprendimiento en contra de su cuñado. Cuando Platón tuvo, como él confiesa, después de dudar largamente que realizar este paso con el fin de hacer un último intento para ganar de Dionisio una reconciliación con Dión y al mismo tiempo ganar su adherencia a la verdadera filosofía,[73] muestra una ordinaria candidez por parte del gran filósofo. Si estamos permitidos a considerar como genuina la llamada Epístola III de Platón, entonces obtenemos una imagen casi conmovedora: por un lado, un joven tirano que ha crecido en medio de la sangre y la violencia, manteniéndose con ambos pies en el suelo de la realidad y vida despiadada, aferrándose a esta vida que estuvo llena de placeres de toda clase y, por otro lado, el viejo filósofo viviendo en una esfera espiritual pura, quien habría deseado transformar al joven lujurioso de acuerdo con un plan doctrinario de educación a un noble y sabio rey que –siendo consciente de la vasta responsabilidad– se sintió obligado a proceder meticulosamente, comenzando con la formación en geometría. Esto le supuso a la hora de partir, que Platón describe en la Epístola III, no sólo el desprecio de Dionisio, sino también el hipócrita reproche de este, de que el filósofo había obstaculizado al tirano en la recolonización de las ciudades helénicas destruidas. Sólo con gran esfuerzo, a los sesenta y seis años Platón escapó de la hospitalidad del tirano, lo cual no fue sino un aprisionamiento engalanado escasamente. De esta forma, "ellos se separaron de la apariencia externa de amistad".[74] Después del regreso de Platón a Atenas, Dión apresuró abiertamente sus preparativos para un ataque contra Dionisio el Joven. Platón lo informa en su Epístola VII: "Cuando yo escuché esto, le propuse convocar a mis amigos para ayudarlo, ellos deberían estar prestos".

Por su parte, sin embargo, dijo a Dión que no podría hacer nada contra su antiguo anfitrión. "De esta forma, no solo ya no estoy más,

---

[73] Epístola VII, pp. 339-345.

[74] Meyer, Eduard, *op. cit.*, p. 509.

cómo decirlo, en una edad para asistir a alguien en la guerra, sino que también tengo lazos en común con ambos […] siempre que tú desees hacer el mal convocando a otros. Dije esto porque odio mi vagabundeo siciliano y sus escuetos éxitos".[75]

Esta actitud de Platón, quien no tuvo una ruptura formal con Dionisio, y que por un tiempo considerable había recibido ayuda material de él, es bastante curiosa. Esto le trajo un deprimente reproche de Dionisio, no del todo sin fundamento.[76] De esta forma, surgió la revuelta en Siracusa dirigida por Dión, Platón no trató de obstaculizarla, dado el abierto apoyo de prominentes miembros de su academia, en particular de Espeusipo, el sobrino de Platón y sucesor en la dirección de la escuela. Aquello fue, casi, una expedición de campo de la academia misma. Lo que llegó a un final cuando Dión, quien tuvo éxito en expulsar a Dionisio y forzar su renuncia al liderazgo, fue asesinado por un amigo, el ateniense Calipo. El asesino no fue quizá un miembro del círculo interno de la Academia, pero ciertamente él, como un alumno de Platón, perteneció al grupo externo.[77] Calipo, después de un breve momento como líder experimentado,

---

[75] Epístola VII, p. 350 y ss.

[76] *Cfr.* Meyer, Eduard, *op. cit.*, p. 511. La relación de Platón con Siracusa fue hostil hacia su ciudad natal, incluso es condenada abiertamente por aquellos que incondicionalmente admiran al filósofo. Así, Steinhart escribe (*Platons Leben*, p. 248): "Platón, sin haber experimentado alguna mala voluntad personal, no sólo se abstuvo completamente de apoyar a la República de Atenas, sino también dedicó sus mejores logros a un Estado extranjero. En esto, que muy poco antes se había opuesto en su propia ciudad, y que fue dominada por un tirano y conducido separadamente por facciones salvajes, Platón se había empeñado en colocar la base de su nueva construcción ideal. Pero dejando de lado la cuestión de si el ideal platónico podría ser realizado, y si fue en absoluto compatible con la naturaleza humana, en Siracusa, de cualquier forma, todas las condiciones morales del tipo de una nueva construcción fueron carentes y no pudieron ser remplazadas, tampoco mediante el orden autoritario de un tirano, ni tampoco mediante la influencia de las sociedades secretas pitagóricas. No estamos en condiciones de rechazar, en palabras mordaces de Niebuhr, que Platón fue un mal ciudadano".

[77] *Athenaeus* XI, p. 508: "Así, también Calipo de Atenas, otro discípulo de Platón, aunque no había sido un amigo o alumno de Dión, y había viajado en su compañía a Siracusa, en breve observó que Dión estuvo intentando apropiarse de la monarquía para él mismo, asesinándolo e intentando ser un tirano, pero fue asesinado".

152

tuvo el mismo destino de la mano de un compañero que había preparado para Dión.

Los escritores históricos modernos[78] se inclinan a conceder sólo propósitos ideales al ataque de Dión contra Dionisio el Joven. Hacen esto más por el respeto al buen juicio de Platón que sobre la base de hechos objetivos que harían parecer a Dión como el típico tirano. Él asesinó a su rival Heráclides y en el posterior transcurso de su gobierno no reprimió ejecuciones y confiscaciones de propiedad. Incluso Ed. Meyer, quien en general juzga a Dión con mucha benevolencia, está obligado a admitir: "El rey ideal es externamente indiferenciable del despreciable tirano".[79] Frente a los hechos históricos, sin embargo, difícilmente se llega a aceptar sin cuestionar la defensa de Platón a Dión en la Epístola VII –que en su sección final no es sino una defensa a su querido amigo–. Esto se encuentra en contradicción directa con los hechos cuando Platón afirma haciendo referencia a Dión que quien es maestro de sí mismo sólo se esforzará por una posición de poder en la misma forma que lo ambicione: "en un gobierno moderado y establecido conforme a las mejores y más justas leyes", "por medio del menor número posible de exilios y ejecuciones". Sin embargo, cuando Dion estaba siguiendo este camino, decidió sufrir antes que cometer actos impíos [...]".

Pero Platón está obligado –para no oponerse demasiado a los hechos al presentar la acción política de Dión como la realización de sus ideales morales– a añadir muy sutilmente: "aunque guardándose asimismo en contra de tanto sufrimiento [...]".[80]

Platón no es un juez imparcial de su amado, quien lo había atrapado. El filósofo separado del mundo, a pesar de todo el amor al poder, era ingenuo e indefenso ante la presencia del poder real, dentro de una aventura que suena como una tragedia del Quijote. En Dión, Eros se convirtió también en el destino externo de Platón.

---

[78] *Cfr.* Ed. Meyer, *op. cit.*, p. 512.

[79] *Cfr.* Ed. Meyer, *op. cit.*, p. 522.

[80] Epístola VII, p. 351 y ss.

EL AUTOR

Hans Kelsen
(1881-1973)

Jurista austriaco nacionalizado estadounidense, nació en Praga (entonces perteneciente al Imperio austrohúngaro, actualmente capital de la República Checa). En 1919 obtuvo una cátedra de Derecho en Viena y colaboró en la redacción de la Constitución austriaca que sería adoptada en 1920; continuó con su actividad docente en diversas universidades de Europa y Estados Unidos, en donde le fue concedida la nacionalidad. Fue profesor de las universidades de Viena (1917), Colonia (1940) y Berkeley (1942).

Kelsen aplicó las doctrinas de la filosofía clásica a la jurisprudencia de forma más rigurosa que ningún otro filósofo del derecho. Fundó la escuela normativista, adscrita al monismo jurídico. Su proyecto puede resumirse en el título de una de sus principales obras, *Teoría pura del derecho* (1935). Como seguidor del pensamiento de Kant, trató de construir una teoría del derecho completamente autónoma que no precisara de herramientas intelectuales propias de otras disciplinas, como la sociología.

La filosofía de Kelsen se basa en la concepción de cada ley como una norma, como un 'deber ser', es decir, cada ley puede derivarse de otra que otorga validez a aquélla, hasta llegar al principio de validez final *(grundnorm* o norma fundamental).

Obras: *Problemas fundamentales de la doctrina jurídica del Estado* (1911); *De la esencia y valor de la democracia* (1920); *Teoría general del Estado* (1925,1945); *Teoría pura del derecho* (1935, 1960); *La ley de las Naciones Unidas* (1950); *La teoría comunista del derecho* (1955); *¿Qué es la justicia?* (1953).

Muere en Orinda, California, en 1973.

ÍNDICE

Lectura contemporánea de los clásicos

¿Por qué leer a Alamán hoy?

Andrés Lira, Catherine Andrews, Josefina Z. Vázquez

¿Por qué leer a Bentham hoy?

José Juan Moreso, Germán Sucar

¿Por qué leer a Ferguson hoy?

Isabel Wences, José Hernández Prado, Julio Beltrán

¿Por qué leer a Mill hoy?

Mark Platts, Miguel Carbonell, Juan Carlos Geneyro

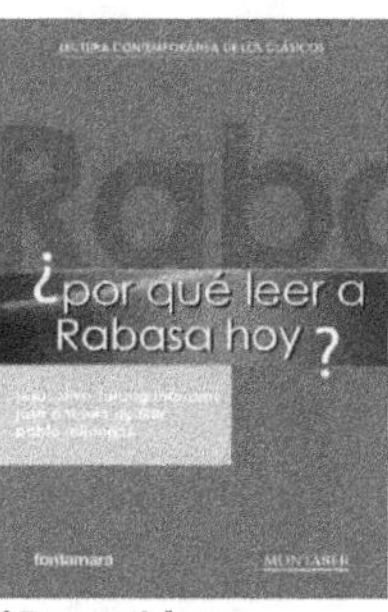

¿Por qué leer a Rabasa hoy?

Jesús Silva-Herzog Márquez, José Antonio Aguilar, Pablo Mijangos

¿Por qué leer a Rousseau hoy?

Antonella Attili, Luis Salazar Carrión, Julieta Marcone

¿Por qué leer a Smith hoy?

Alfonso Ruiz Miguel, Isaac Katz, Pablo Larrañaga

¿Por qué leer a Tocqueville hoy?

Roberto Breña, Claudio López-Guerra, Jesús Silva-Herzog Márquez

¿Por qué leer a Weber hoy?

Nora Rabotnikof, Ulises Schmill, Gina Zabludovsky

Otros títulos publicados

Amor platónico
Hans Kelsen

Análisis de un examen estandarizado
José Manuel Casillas Domínguez

Derechos humanos. Un camino hacia la pacificación
Julio Cabrera Dircio

Experiencias adversas de la seguridad del paciente
Rosa Ortiz Rivera

Nuestros niños sicarios
Elena Azaola Garrido

En guerra por la vida. Crisis climática y transformación social
Josep Cabayol

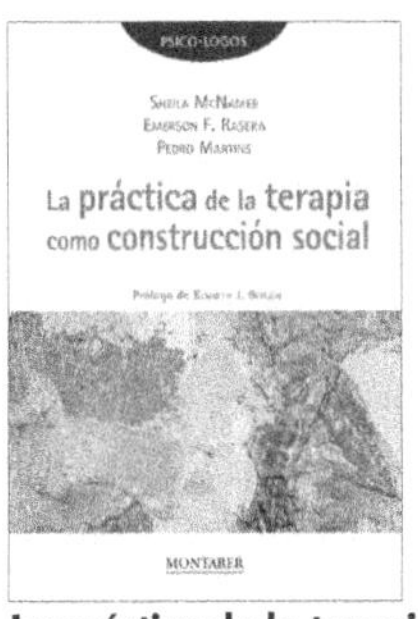

La práctica de la terapia como construcción social
Sheila McNamee, Emerson F. Rasera, Pedro Martins

El imperativo relacional Recursos para un mundo al límite
Kenneth J. Gergen

Ideología y opiniones Estudios de psicología retórica
Michael Billig

MONTABER Tel. +34-931 429 486 – montaber@montaber.es – www.montaber.es

9 788410 238718